新视野
学术论著丛刊

高等职业
教育理论与发展新探索

沈怡玥 —— 著

中国书籍出版社
China Book Press

图书在版编目（CIP）数据

高等职业教育理论与发展新探索 / 沈怡玥著. -- 北京：中国书籍出版社, 2021.10
ISBN 978-7-5068-8744-1

Ⅰ.①高… Ⅱ.①沈… Ⅲ.①高等职业教育 - 研究 Ⅳ.① G718.5

中国版本图书馆 CIP 数据核字 (2021) 第 205147 号

高等职业教育理论与发展新探索

沈怡玥　著

图书策划	尹　浩　李若冰
责任编辑	毕　磊
责任印制	孙马飞　马　芝
封面设计	闽江文化
出版发行	中国书籍出版社
地　　址	北京市丰台区三路居路 97 号（邮编：100073）
电　　话	（010）52257143（总编室）（010）52257140（发行部）
电子邮箱	eo@chinabp.com.cn
经　　销	全国新华书店
印　　刷	天津和萱印刷有限公司
开　　本	710 毫米 ×1000 毫米　1/16
字　　数	215 千字
印　　张	16.5
版　　次	2021 年 10 月第 1 版　2021 年 10 月第 1 次印刷
书　　号	ISBN 978-7-5068-8744-1
定　　价	68.00 元

版权所有　翻印必究

前　言

高等教育一方面受社会发展制约，另一方面必须适应社会发展的需要。这是教育在社会发展过程中必须遵循的重要规律之一。科技进步和社会发展日益彰显了教育和经济的互动关系。高等职业教育承担着培养生产技术一线应用型人才的任务，是高技能人才的培养主体。

《高等职业教育理论与发展新探索》一书在内容安排上共设置七章：第一章主要是关于高等职业教育基础理论，内容包括高等职业教育的发展背景、高等职业教育的内涵与性质、高等职业教育的特征表现、高等职业教育的功能解析；第二章以整合的理论价值与特征描述为切入，探讨高等职业教育整合理论构建，内容涉及高等职业教育的逻辑起点、高等职业教育的核心范式、高等职业教育应然的思维方式；第三章探讨高等职业教育管理理论与模式创新，内容包括：①高等职业教育管理目标制定与实施；②高等职业教育管理的主要内容；③高等职业教育管理应遵循的原则；④高等职业教育管理的规律与方法；⑤高等职业教育管理的模式创新；第四、五、六章是基于信息化发展、可持续发展、国际化发展的不同角度探索高等职业教育发展；第七章研究高等职业教育发展的新形态——高职本科，内容包括高职本科教育的属性分析、理论依据、科学定位、路径探索。

本书写作，着眼于内容新颖，体系完整，重点突出，条理清楚，全方位、多维度、深层次对高等职业教育进行探究。努力使理论上有创新，理论联系实际上有突破，建立有效、全面、科学的研究体系。

本书在构思、撰写和出版的过程中，得到了学校领导，校内校外专家学者，以及关注职业技术教育发展同仁们的帮助与指导，在此表示诚挚的谢意。由于笔者水平有限，加之时间仓促，书中所涉及的内容难免有疏漏之处，希望各位读者多提宝贵意见，以便笔者进一步修改，使之更加完善。

作者
2021 年 7 月

目 录

绪论：高等职业教育的界定与发展背景 …………………… 1

第一章　高等职业教育的理论基础 ……………………… 6
　第一节　高等职业教育的性质 ………………………… 6
　第二节　高等职业教育的特征表现 …………………… 15
　第三节　高等职业教育的功能解析 …………………… 21

第二章　高等职业教育整合理论构建 …………………… 32
　第一节　整合的理论价值与特征描述 ………………… 32
　第二节　整合：高等职业教育的逻辑起点 …………… 38
　第三节　整合：高等职业教育的核心范式 …………… 44
　第四节　整合：高等职业教育应有的思维方式 ……… 49

第三章　高等职业教育管理理论与模式创新 …………… 54
　第一节　高等职业教育管理目标制定与实施 ………… 54
　第二节　高等职业教育管理的主要内容 ……………… 65
　第三节　高等职业教育管理应遵循的原则 …………… 67
　第四节　高等职业教育管理的规律与方法 …………… 72
　第五节　高等职业教育管理的模式创新 ……………… 82

第四章 高等职业教育的信息化发展 … 85
第一节 信息化是高等职业教育发展的必然趋势 … 85
第二节 高等职业教育信息化建设的问题与对策 … 105
第三节 现代教育技术与高等教育信息化发展 … 114
第四节 高等职业教育信息化建设的未来展望 … 151

第五章 高等职业教育的可持续发展 … 154
第一节 高等职业教育可持续发展的理念解读 … 154
第二节 高等职业教育可持续发展的体系构建 … 156
第三节 高等职业教育师资队伍的可持续发展 … 163
第四节 高等职业教育校企合作的可持续发展 … 166

第六章 高等职业教育的国际化发展 … 176
第一节 国际化是中国高等职业教育发展的需求 … 176
第二节 高等职业教育国际化发展的机遇与挑战 … 185
第三节 高等职业教育国际化发展的主要领域 … 191
第四节 高等职业教育国际化发展的路径研究 … 205

第七章 高等职业教育发展的新形态——高职本科 … 225
第一节 高职本科教育的属性分析 … 225
第二节 高职本科教育发展的理论依据 … 227
第三节 高职本科教育发展的科学定位 … 236
第四节 高职本科教育发展的路径探索 … 244

结束语 … 252

参考文献 … 253

绪论：高等职业教育的界定与发展背景

一、高等职业教育的界定

当前，我国公众对发展高等职业教育认识的主要分歧就在于"高等职业教育的含义""要发展高等职业教育的原因"以及"如何发展"等问题上。关于"高等职业教育的含义"这个问题，目前众说纷纭。如有学者认为，高等职业教育是指在高等教育阶段实施的职业教育，它既是职业教育的高级（第三级）形式，又是高等教育的重要组成部分，是种特殊类型的高等教育，兼有职业教育和高等教育的双重属性。职业教育的属性是指它的培养对象是针对职业岗位群的，以技术应用和技艺型为主（其中一部分专业要以中等职业技术教育的技艺水平为基础）。高等教育的属性是指它是在相当于高中文化程度（包括高中阶段职业教育）基础上进行的第三级教育。高职教育既包括学历教育，也包括非学历教育。按我国《职业教育法》第13、14和25条规定，学历教育称为高等职业学校教育，非学历教育称为高级职业培训。

有学者认为，高等职业教育"是培养技术型人才的教育，它包括学历教育与非学历教育两部分"，其中的学历教育包括大学专科、大学本科和研究生层次。当前我国高职教育大部分为大专层次，它与我国高专教育的主要特征是相同的，同属国际教育标准分类中的第五层次教育，非学历教育则主要是指职业资格证书技术等级培训。

《中国教育百科全书》将高等职业教育定义为"培养高级实践实用型人才的教育，属高等教育范畴。……招收中等职业技术学校毕业生、普通高中毕业生及具有相应文化水平和实践经验的中级技术工人，学制为2~3年；少数招初中毕业生，学制为5年。教育形式为学校教育和职业技术培训两种。此类教育着重于学生应用技能的培养，以为国民经济各部门输送高级应用型人才和高级技术工人为培养目的。"

《教育大辞典》（第3卷）对高等职业教育的表述是："高等职业技术教育（tertiary vocational and technical education）属于第三级教育层次的职业教育和技术教育。包括就业前的职业技术教育和从业后的相关继续教育。如美国技术学院和社区学院的部分教学计划，日本的高等专门学校、短期大学部分教学计划以及专修学校的专门课程，法国的大学技术学院、高级技术员班，中国早期的高等实业学堂、专门学校、专科学校，以及各国成人高校部分教学计划等所提供的教育。……其主要培养文科、理科、工科、农林、医药、政法、财经7个科类的专业辅助人才。"

在西方，"职业教育"（vocational education）是指培养一般熟练工人或半熟练工人的教育与培训；高一层次的"职业教育"通常称之为"技术教育"（technical education），即以培养一般的技术人员为主要目标；再高层次的"职业教育"便是那种以培养工程师或高级专业技术人员为目标的"专业教育"（professional education）。因此，"vocational education" "technical education" "professiorial education"，三词分别代表了职业人才培养中的三个层次，分别对应于我国的"工人" "技术员"与"工程师"。我们的"高等职业教育"大致相当于西方的"高等专业技术教育"，即技术员、工程师层次的职业人才教育与培训。

绪论：高等职业教育的界定与发展背景 <<<

联合国教科文组织曾于20世纪80年代把"职业教育"定义为"培养技能人员（skilled personnel）着重于实际训练的中等教育后期进行的教育"；把"技术教育"定义为：设置在中等教育后期或第三级教育（高中后教育）初期，以培养中等水平人员（技术员、中级管理人员等），以及大学水平的，以培养在高级管理岗位的工程师和技术师。技术教育包括普通教育，理论的、科学和技术的学习以及相关的技能训练。由于培养的人员类型和教育层次不同，技术教育的组成可有很大变化。这些规定虽然与我国的实际情况未必完全相符，但仍可作为重要参考。

综上所述，高等职业教育的主要任务是培养从事生产和服务第一线的技术人员和管理人员，即以培养技术型人才为总体目标。它是在中等教育基础上的高等职业教育，包括大专、本科、硕士各层次，而不是专科层次的终结性教育；它是高等教育的重要组成部分。发展高等职业教育是社会的客观需要，它与其他类型的高等教育虽有交叉，但又有自己特定的培养目标和体系要求。

二、高等职业教育的发展背景

高等职业教育发展是在高等教育发展的大背景下，高等教育发展问题的研究可以追溯到1945年之后，世界经济逐步走出战争阴影，并开始复苏，对高等教育提出了数量和质量的明确要求，西方国家及国际组织纷纷开展高等教育发展目标的研究。例如，20世纪60年代成立的国际教育规划研究所，着手发展中国家教育发展目标的研究。大家开始反思，高等教育的教育发展规模、发展模式、可持续性发展等问题，并提出了一些新的理论观点，引起了世界高等教育领域的广泛关注。这些研究中能够产生一定影响的观点：

（1）高等教育发展的三阶段。在广泛调研和考察了相当数量的发展中国家高等教育后，马丁·特罗对高等教育发展提出了三阶段发展理论："精英—大众—普及"，在世界高等教育界产生了强烈的反响，高等教育发展的思考和实践变得越发重要，对精英、大众和普及三阶段的理解也在不断地加深。

（2）发达国家对高等教育的高度重视。菲利普·库姆斯在《世界教育危机》中研究了全球高等教育的发展，高等教育发展正面临前所未有的"危机"——教育质量下降、经费投入不足、师资质量薄弱、受教育机会等不公平，直接影响高等教育的可持续发展，该书在很大程度上唤醒了绝大多数人对高等教育发展的重视，从另一个侧面也推动了全球高等教育的发展。《高等教育不能回避历史：21世纪的影响》《美国高等教育的困难时期：20世纪90年代以后》的作者克拉克·克尔对21世纪全球高等教育的发展和美国高等教育所面临的突出问题，进行了广泛深入的分析和探索，对全球高等教育发展提出相应建议和对策，对世界各国发展高等教育具有重要指导意义。

（3）我国高等职业教育的迅猛发展。从中华人民共和国成立以来，我国高等教育一直处于高度重视的发展环境，尤其是改革开放以来，高等教育发展迅猛，但高等教育也存在着一些地区发展上的不均衡，东部地区、大城市高等教育资源较发达，西部及偏远地区高等教育资源不发达或者匮乏。从高等教育发展阶段来看，东部地区、大城市高等教育已经由"精英"阶段步入"大众"阶段，北京、上海等高等教育资源高度发达地区已经向高等教育"普及"化阶段迈进。从各国发展的历史经验来看，高等教育由"精英"阶段向"大众"及"普及"阶段发展过程中高等职业教育起到至关重要的作用，而且高等职业教育必将蓬勃发展。

（4）构建现代职教体系促进高等职业教育发展。高等职业教

绪论：高等职业教育的界定与发展背景 <<<

育作为现代职教体系中重要组成部分，在办好现有专科层次高等职业（专科）学校的基础上，发展应用技术类型高校，培养本科层次职业人才；应用技术类型高等学校是高等教育体系的重要组成部分，与其他普通本科学校具有平等地位；高等职业教育规模占高等教育的一半以上，本科层次职业教育达到一定规模；建立以提升职业能力为导向的专业学位研究生培养模式；根据高等学校设置制度规定，将符合条件的技师学院纳入高等职业院校序列。

第一章 高等职业教育的理论基础

第一节 高等职业教育的性质

性质是某事物区别于其他事物所固有的特征和要素。高等职业教育作为一种人才培养模式，区别于其他类型教育的主要特征，就是高等职业教育本身所固有的性质。下面拟从高职教育的高等教育性质、职业教育性质、技术教育性质三个方面加以分析。

一、高职教育的高等教育性质

中共中央、国务院《关于深化教育改革，全面推进素质教育的决定》指出："高等职业教育是高等教育的重要组成部分。要大力发展高等职业教育，培养一大批具有必要的理论知识和较强实践能力，生产、建设、管理服务第一线和农村急需的专门人才。"这段话指出了高等职业教育性质中很重要的一点，即高等职业教育是高等教育的重要组成部分。

（一）高等职业教育的高等教育属性

（1）从高等教育的定义看高职教育的高等教育属性。高等教育中的"高等"二字是就教育层次而言,区别于中等和初等教育。一般认为,高等教育具有两个基本特点。

第一,高等教育是建立在中等教育基础上的专门教育,以培养高级人才为目标。高等教育学生的起点要具有中学毕业水平,因为如果起点太低,就很难掌握高等教育高级、精深、复杂的专业知识。而专门教育,是相对于普通教育而言的,是指培养某一领域专业人士的教育,是为公民未来的职业生活做准备的教育。普通教育则是指实施普通文化科学知识的教育,要使学生掌握人文科学、社会科学和自然科学的普通知识,使他们具有基本的文化修养和处理社会问题的能力,其目的是为公民未来的社会生活而非职业做准备。传统上,普通教育主要在中小学进行,专门教育则主要在高等教育阶段进行。可见,高等教育是一种为专业工作或职业生活做准备的专门教育。高级人才,则主要表现为培养的人才知识含量高、成熟度高、适应社会能力强等。这一特点是就高等教育的性质和任务而言的,它表明了高等教育在知识含量和培养人才水平上的"高"。

第二,高等教育实施对象——学生的年龄大都在18岁以上,其心理和生理发展已经成熟。这一特点表明,为了适应高等教育的第一个特点,其教育对象在身心发展方面必须处于比较成熟的阶段,为培养能够掌握"高"的知识含量,成为"高"的人才奠定生理和心理基础。

这两个特点是高等教育的基本特点,高等教育的其他特点大都是从这两个特点中派生出来的。当然,随着社会经济和高等教育自身的发展以及高等教育研究的深化,对高等教育特点的认识或许会发生巨大的变化,但是这两个基本特点是不会发生变化的,因为它们反映了高等教育的基本属性。

根据高等教育的这两个基本特点来分析高等职业教育,就可以发现，高等职业教育也具有高等教育的基本属性，它属于高等教育的范畴：一方面，高职教育是建立在中等教育的基础上的专门教育，以培养高级人才为目标。高职教育是建立在中等普通教育和中等职业教育的基础上，表现在高职院校的招生主要是面向普通高中毕业生和中等职业教育毕业生；高职教育是专门教育，表现为其专业设置是直接面向社会职业岗位，在教育形式和教育内容上分别是分科的专业教育和专门的职业技能学习，是为公民未来的职业生活做准备。在人才培养目标上，高职人才是智能含量上较中等职业教育所培养的技工更高的技术型人才。另一方面，从高等职业教育的对象来看，高职教育所面对的学生其年龄大都在18岁以上，心理、生理发展都已成熟。

（2）从世界的普遍经验看高职教育的高等教育属性。关于高职教育是否属于高等教育，联合国教科文组织第29届大会批准的新《国际教育标准分类法》（1997年修订版）能给我们启示。该文件把高等教育（第三级教育）分为两级。其中，第5级相当于专科、本科和硕士生教育阶段；第6级相当于博士研究生教育阶段。第5级又分为A、B两类，5A类是理论型的，其学习年限较长，一般为四年以上，并可获得第二级学位（硕士学位）证书。"目的是使学生进入高级研究计划或从事高技术所要求的专业"。5A又分为5A1与5A2两类，5A1一般是为研究做准备的，5A2是从事高科技要求的专业教育。5B类是实用技术型的，其教学计划是面向实际的，适应具体职业内容的，"主要目的是让学生获得从事某个职业或行业，或某类职业或行业所需的实际技能和知识。完成5B的学生一般具有进入劳务市场所需的能力与资格。"至于第6级则是"专指可获得高级研究文凭（博士学位）的""旨在进行高级研究和有创新意义的研究"。

很明显，该标准将高等教育划分为学术型（或称为理论型）

第一章　高等职业教育的理论基础

和技术型（或称为职业型）两类，其中的 5B 相当于我国的高等职业教育，其培养目标就是我国高职教育所强调培养的目标。5B 高等教育概念的提出，具有重要的理论意义与实际作用。它标志着以培养理论型人才、高技术型人才为主的 5A 类高等教育和以培养职业技术型人才为主的 5B 类高等教育，已经构成了现代高等教育结构的基本框架；同时也说明了高职教育的产生和发展，是世界高教改革的共同趋势。高职教育的高等教育地位在此得到了权威性的确认。

（二）"高职教育的高等教育属性"的深刻内涵

虽然"高职教育属于高等教育"这个说法已为人所熟知，但在实践中，人们对它的理解似乎还仅限于其表面，尚处于含糊的状态。高职教育的高等教育属性的意义需要做进一步的分析。

1.高等职业教育应进行专业性活动

一般的观点认为，高等职业教育是职业性的教育，而不是专业性的教育，这是高职教育与学术型普通高教的根本区别之一。实际上，当前出现的与高职教育有关的诸多观点也是基于这一认识前提，如要建立"以能力为中心"的培养模式，知识的掌握要"以够用为度"，按照"职业岗位（群）"的需要进行专业设置等，都非常强调高职教育的职业适应性，而对高职教育的专业性问题却是只字未提。但是，作为高等教育组成部分的高等职业教育，是否需要讲求专业性，这是一个值得深思的问题。

专业活动的产生源于对知识和技能的管理。当知识和技能总量少、复杂性不高的时候，尽管也存在一个管理和传授的问题，但这种管理和传授相对而言是一件简单的事情，由于这种简单性，专业活动的重要性被掩盖了。当知识和技能的总量和复杂程度开始增加时，专业活动的重要性开始显现。因为人的时间和精力是有限的，在面对大量的知识和技能，其中还存在大量无用之物的情况下，全盘接受和吸收是不可能的，也是不必要的，所以，教育者必须仔细进行鉴别、挑选，找出受教育者需要的知识和技能；而且，还必须对它们进行加工和提炼，把其中最核心的、最本质的要素提取出来，传授给受教育者。这就是教育教学理论的"简约性规律"。学术，就是在此时产生的对客观世界的深刻和完善的认识。所以，任何教育教学活动都要有专业活动的参与，没有专业活动就无法进行教育教学。

对高等教育而言，基于知识和技能的专业性和教育过程的复杂性，专业活动具有极其重要的意义。专业活动必然要成为高等教育活动的重要组成部分，专业性必定要成为高等教育的基本内涵；没有专业性，很难被称作为高等教育。

作为高等教育的重要组成部分，高职教育需要专业活动，专业性应成为高职教育的基本内涵。高职教育是由中等职业教育发展而来，当职业教育只有初等、中等层次时，它是比较简单的，知识和技能含量少，复杂程度低，几乎不用进行专业活动。但当它发展到高级形式时，随着知识、技能在深度和广度上的提升，就出现了一个如何对日益庞大的知识和技能进行管理和传授的问题，而要解决这个问题，就必须进行专业活动。因此，专业性必然会成为高职教育的基本内涵。这种必要性还表现在：第一，高职教育要真正从当前的低层次走向本科、研究生层次，真正成为一种独立于普通高教的高等教育类型，不进行专业活动是不可想象的。没有专业性，高职教育就不可能真正与普通高等教育相并立。第二，专业化保证了高等职业教育规范化发展。通过专业化，高等职业教育的教学体系将更为科学，开展的教育教学活动将更有依据。因而，对高等职业教育自身专业性的肯定，是高等职业教育深化教学改革的动力,并使之走上健康发展轨道的保证。第三,专业性决定和体现了高等职业教育前进的方向,是高等职业教育发展的内在力量。在信息社会或知识经济社会,人们越来越多地依靠正确的理念,正确的理念能够推动教育实践朝向正确的方向发展。

2.高等职业教育需与社会密切联系

高等教育与普通教育的区别之一就在于高等教育与社会有着更为密切的联系,这种密切的关系集中体现在高等教育较之普通教育,其培养的人才是直接为社会服务的专门人才;高等教育(尤其是大学)还可以通过科研活动创造出新的知识,传播先进的文化;高等教育的与社会的联系还表现在它还能够直接为社会服务。

作为高等教育中的一个重要组成部分,高等职业教育也必然具备这些职能,必须与社会紧密地联系在一起。事实上,职业教育作为一种"为职业"做准备的教育形式,与社会的紧密联系是其生命力之所在;而作为职业教育的高等形式,高等职业教育同社会的联系与中等职业教育相比是在更高的水平上进行。但由于我国当前的高职教育主要以专科为主,发展程度还比较低,与社会经济发展的联系还只是建立在一种较低的水平上,是一种极为有限的"密切"。这种状况无疑对高职教育本身和社会经济的发展都是不利的。与此同时,高职教育还需密切与政治、文化的联系。从高等教育的发展历史来看,政治和文化因素(如政策法律的支持、传统文化的影响)对高等教育的发展起着重大的推动作用,高职教育的发展亦为如此。所以,在高职教育的发展研究中,须正确认识到高职教育与社会的紧密联系性,并充分利用这种联系。

二、高职教育的职业教育性质

教育是培养人才的社会活动，教育对社会经济发展的促进作用，是通过培养人才实现的，这是各类教育的共同特征。高等职业教育在人才的培养实践中，其鲜明的个性特征就是职业定向性。即在人才培养过程中，高职教育表现出很强的职业岗位针对性、实践性以及对职业岗位变化的适应性。我们研究高等职业教育的职业性特征，不仅有利于加深对高职教育本质特征的理解，对理解高职教育与普通高教的异同之处，以及更好地理解高等教育的本质属性与功能，亦有很强的启示作用。

值得注意的是，虽然职业性是专业教育的共同属性，但是，不同类型的专业教育，在职业性特征上有着各自鲜明的特征。高职教育与普通高教的职业性特征就有着非常明显的区别，这种区别主要表现为高职教育具有很强的职业岗位针对性、实践性以及对职业岗位变化的适应性。

（一）针对性

职业岗位（群）是高职教育安排所有活动的出发点和依据，它不同于普通高教，普通高教不会专门针对特定的职业岗位，普通教育的适应能力更加宽泛。而高等职业教育培养的人才所具备的职业岗位针对性比普通高教更强，其所有的出发点都是为了匹配职业岗位。

高职教育的目的就是为特定的职业岗位培养所需的人才，重点在于职业能力的获得。因此，国民经济职业体系就是这套知识体系的构成基础，其设定的专业如美容专业、秘书专业等都是根据职业岗位（群）进行的，而不是根据学科进行的；其课程和教学计划的安排都是和职业岗位（群）的职业能力相适应的，而不

第一章　高等职业教育的理论基础

是为了符合学科要求；其业务目标是为了改善或谋求某种职业，所以它的关注点是从业务上对从业人员、行业和职业岗位提出要求，将相关的知识和技能提供给所需的职业岗位，而完整和系统的学科理论则不是其要追求的重点；它要学习的是基础理论，掌握应用技术和本专业所需的高新技术；其能力结构是用横向型来体现复合性的。从教学工作的角度而言，教学工作的组织原则要遵循"符合职业岗位实际"；不同专业的教学计划、知识能力结构和学生具备的素质是职业岗位明确需求的基础；对学生是否熟练地掌握了职业技能和技艺进行考核，并做出评价。职业资格证书才是高职教育连接社会的纽带，而非单纯的学历文凭。总而言之，职业性与"职业岗位（群）"在高职教育中有着紧密的联系。

（二）实践性

高职教育培养人才的方向是技术型，所以培养实践能力成为高职教育的重点，这是由其人才特性决定的。以下都是高职教育职业性所展现的实践性特点：高职教育培养的人才针对的是服务和生产的一线，是以基层为主的，能够在生产一线熟练运用各种服务、技术和管理等人员才是培养的主要目标，而非研究新的工艺、产品和技术；其教学过程的重点在于应用不同的技术，培养实践能力；在职业教育中，比重较大的是实训部分，所以上岗实践训练就必须在校完成，这样学生在毕业之后就可以进入工作岗位；高等职业教育需要双师型的专业教师，教师同时也要具备实践能力，此外，还要关注那些从生产一线来做兼职的教师所发挥的作用，而且所处的实训场所和所用的试验设备都要和现场相似，这样才能培养学生解决不同问题的能力。

（三）适应性

职业性的特征是普通高教也具备的，但普通高教基本都是间接联系市场和社会经济的，而不是直接的。如同上述普通高教的职业针对性并不强，也不需要根据特定的职业岗位来设置知识体系、课程和专业，重点在于知识和能力结构的构建，这让普通高教受到的职业岗位变化带来的影响低于高职教育。所以，普通高教与学科联系的密切程度要远高于与社会职业岗位联系的密切程度。

而高职教育天生就和经济发展有着密切的联系，因为高职教育是在工业经济时代得到蓬勃发展的。通过实践能够证明，高职教育的发展离不开经济的进步和市场的需求，高职教育必须扎根于经济和市场这两块肥沃的土壤中。因此，高职教育要根据社会职业岗位的实际需求来制定发展方针，高职教育要想发挥作用，得到更好的发展，就必须符合社会职业岗位的需求。

三、高等教育的技术教育性质

20世纪之后实现了生产自动化，于是出现了一种既不属于技术工人，也不属于精英型工程师，而是处在二者之间的新型人才，即技术型人才。这是以前并没有的概念，技术工人和工程师才是这种技术型人才原本的岗位。生产自动化的不断进步，有些岗位要求技术工人要掌握理论技术，而不再是之前的经验技术。中等职业教育培养的技能型人才由于已经改变的职业岗位要求而无法达到岗位的标准，所以社会诞生了高智力的技术型人才。此外，为了保证精英型工程师应有的工作成效，会由那些技术型人才来承担不需要较高理论要求的生产一线的技术工作，由此便诞生了技术型人才。

技术型人才既要掌握自己专业领域内的基础知识和理论，

还要掌握相应的生产操作能力，能够将相关技术转化成实际的物质，可以组织现场的生产，并给予相关的技术指导，解决生产中遇到的不同问题；还要给工艺、设备和产品提出相应的改进意见，擅长使用和交流不同的信息。这种复合型人才有着扎实的专业理论、较强的组织能力和熟练的生产技术。高等教育因为技术型人才展现出的需求特征而得到了发展。这种高等职业教育就属于"技术型"。

第二节　高等职业教育的特征表现

特征是事物所具有的特殊象征或标志。如果说，厘清高等职业教育的性质与功能，是为大力发展高等职业教育扫清观念上、战略上的障碍的话，那么，把握高等职业教育的特征则为其人才培养目标的设置、人才培养规格与模式的确定，提供了方向性的指导。因此，正确把握高等职业教育的特征对高职教育，乃至整个教育体系的健康发展都有着十分重要的意义。总体而言，高职教育的基本特征主要体现在它与学术型普通高等教育的区别上。

一、高等职业教育培养目标：实用性

教育是按照社会要求培养受教育者的活动。如前所述，当前社会对人才的需求体现出高素质、多类别、多层次的特点。总体而言，需要两大类人才：一类是少而尖的学术型人才和高技术人才，他们主要从事的是探索、发现自然界和人类社会的奥秘，不断"认识世界"的工作；一类是大众型的应用型人才，他们运用已知的自然和社会发展规律，为社会谋取直接利益。而应用型人才又可分为工程型人才和技术应用型人才。高等职业教育具体的培养目标比较多样,几乎覆盖社会的各行各业,但就其人才类型而言,主要是实用性的技术型人才。

(一) 人才培养标准方面

在人才培养标准上,强调学生应用知识的技能和解决实际问题的能力。高等职业教育的教学指导思想就是要让学生获得相应职业领域的能力,其教学计划、课程及质量评价标准都以使学生获得能力为导向进行编制,一切教学工作都以使学生获得相应职业领域能力为出发点和终结点。高等职业教育人才培养要达到的能力标准涵盖以下相关内容。

(1) 相应职业领域的能力是一个职业能力与其他相关能力的综合概念 (competency),包括知识、技能、经验、态度等为完成职业任务、胜任岗位资格所需要的全面素质。

(2) 科学技术的迅猛发展使社会职业岗位的内涵和外延一直处于不断的变动之中,因而高职教育所培养的人才能力不能仅局限于胜任某一具体职业岗位的能力,还要使学生获得对职业岗位变动的良好适应性和可持续学习的能力基础。

(3) 技术型人才往往是现场工作群体中的重要人员,因而他们所应具备的能力构成中,合作、公关、组织、协调、创新及风险承受等"关键能力"或"基础能力"以及良好的品行和职业道德修养具有特殊的重要性。

(二) 人才的服务对象方面

在人才的服务对象上,高等职业教育培养的人才面向的是基层、生产和服务第一线。高职教育作为职业教育的重要组成部分,

第一章 高等职业教育的理论基础

与经济、企业的关系最为直接,是科学技术向现实生产转化的重要途径,在实现"两个根本性转变"的过程中发挥重要的作用。当今世界人才的竞争,除研究、开发型人才的竞争外,相当程度上是生产、管理和服务第一线实用型人才整体素质的竞争。大量的实践表明:发展高职教育,培养生产第一线的技术应用、技术管理和服务的实用型人才,是我国改革开放和经济建设、社会发展的迫切需要,尤其是一些资金密集、技术密集型的行业及经济发达或正在走向发达的地区,高职教育人才培养的实用性特征就更为明显。

二、高职教育专业设置:职业性、市场化

专业设置是高职教育与社会需求相衔接的纽带,是学校能否主动、灵活地适应人才市场变化的重要环节,是高职教育适应和满足社会需求的切入点。在社会主义市场经济条件下,各种需求都在价值规律、供求规律和竞争规律的作用下体现为一种市场需求。一方面,高职教育人才培养目标决定了它与本地区经济发展有着更为密切的联系,专业设置直接面向地区性市场;另一方面,由于科学技术的迅猛发展,产业结构调整步伐加快,市场供求关系瞬息万变,因而社会职业岗位群的不断分化与重组必然导致高职专业设置不断随之调整、发展。因此,高职教育在专业设置上,必须以市场需求为导向,面向生产、建设、服务、管理一线,以地区产业结构和社会人才需求变化趋势作为确定专业主体框架的主要依据,使专业设置既能充分适应行业或产业结构长期变化和发展的趋势,又具有快速调整能力,能够及时跟踪社会职业需求热点转换,而不能像学术型普通高等教育一样用专业目录去规范和限制。

在传统教育体制下,我国高等学校的人才培养模式及其专业设置基本上是固定不变的:学校因办学条件而设置专业,因专业设置而招收学生。且学校只管教书育人,对社会发展的需求与市场的需要很少过问,使得培养出的许多学生毕业后用非所学。这是办学资源的浪费,也是人才资源的浪费。而在市场经济高度发展的今天,作为我国市场经济伴生物的现代意义上的高等职业教育,其生命力之所在就是专业设置紧贴社会,培养具有综合职业能力和高素质的、直接面向生产一线的技术、技能型人才。

三、高职教育教学过程:实践性

高职教育的培养目标是素质高、能力强、上岗快、用得上的技术型人才,这一培养目标决定了学生在校期间必须完成上岗前的实践训练。因此,高职教育整个教学过程的实践性特征非常突出。综观世界各国成功的高职教育,无一例外的都是以突出实践教学为特征的,如德国的"双元制"、加拿大的以能力为中心的教学思想、澳大利亚的模块式教学等。高职教育教学过程中的实践性特征突出表现在如下三个方面。

(一)教学计划上突出对能力的培养

高职教育在教学计划的制订上突出对学生职业能力的培养,这与普通高等教育在教学计划的制订上,以突出学生对理论知识的掌握为主线有很大区别。同时,高职教育教学计划的制订是在社会调查的基础上,从职业分析入手,借鉴能力本位教育CBE(Competence Based Education,简称CBE)的思想,按岗位或岗位群的职业要求,将综合职业能力分解成若干项专门能力,有针对性地设置相应课程,并聘请企业界有关专家,对教学计划的可行性进行论证，以优化课程设置。为避免因培养周期较长所带来的弊端，高职教育对教学计划的实施进行动态管理、滚动修订，以保证课程设置和教学内容的科学性、先进性及人才的职业适应力。

（二）教学内容上理论与实践相结合

技术技能型人才的总体特征是理论技术与经验技术相结合，为此高职教育在课程内容上比较注重使学生掌握理论技术所必需的理论基础及相应的应用能力。分析国内外一些高职教育的课程内容，发现实践教学在教学计划中占有较大的比重，理论教学与实践教学的课时比例一般都在1:1左右。如德国的"双元制"教学模式中，理论与实践之比约为3:7或2:8，法国的短期技术学院的实践教学时数占总时数的1/2，美国密特萨克斯社区学院电气技术专业的实践教学时数超过总学时的1/2，北京联合大学计算机应用专业的理论与实践的学时比例也约为1:1。

在课程结构上，高职教育强调把学生能力的培养放在突出位置，其理论课程体系是为专业综合理论和专业技术能力服务，主要包括专业理论和基础理论两类，它们共同支撑着高职人才的持续发展和适应能力；而实践课程体系则是为培养专业技能、职业能力服务的，主要是直接反映当前职业岗位工作需求的专业技术知识，具有较强的就业导向性。

（三）注重突出实践性教学环节

衡量高职学生的学习效果，很大程度上是以培养目标所要求的知识和能力为标准的。所以，高职学校在教学过程中都比较突出实践性教学环节的重要性。一般而言，在其教学计划的编制上都安排有足够的实训时间，如校内实训和社会岗位实训时间等实践性环节约占总教学时数的 1/3 以上，以使学生具有较强的职业技能和实践能力。为使实践性教学环节能得到落实，高职学校比较重视实训场所和设施的建设，如注重建立现代化的校内专业实训基地，以供学生进行现代化的技术手段操作模拟训练；建立稳固的校外训练基地，以保证学生的综合专业技术实习落在实处，使学生的实习与专业技能实践形成有效的衔接；开展丰富多样的与本专业相关的实践训练、社会调查、社会服务等活动，以提高学生的综合素质和全面能力，使技能培训制度化、规范化，在教学计划中通过专门安排基础技能训练、专业技能训练、顶岗实习等实践性教学环节，明确规定各专业学生在校期间所应取得的操作技能等级证书，以作为学生质量获得社会公认的"合格证"。

四、高职教育培养模式：突出用人部门的参与

用人部门（单位）会直接参与到高职教育培养人才的过程中，这是和普通高教的不同之处。高职教育之所以需要用人单位参与进来，就是因为培养的人才要符合一线生产、管理和服务的要求，只有和办学伙伴之间建立联系，才能更快更好地达到培养目标，让教学质量得到提升。在人才培养的过程中，用人部门可以提供不少的便利。

一方面，新的知识和技术随着科技的高速进步和发展出现的越来越多，这在学校教育中就能体现出来，高职教育毕业生的特点就是技术创新能力高，而且会使用新的实用技术。只有在真实的环境中才能掌握那些课堂上没有的经验，养成下意识的良好习惯。

另一方面，缺乏的师资力量、教学设备和学校实训场地都能

够在用人部门的帮助下得到解决,让教育资源得到科学、合理的配置和利用;可以让高职教育根据社会职业岗位需求来设置教学方案和专业,提高高职教育建设的专业程度,使其更贴合市场。

第三节 高等职业教育的功能解析

事物产生的作用和功效就是功能。在高等教育中,高等职业教育是必不可少的一部分,在社会和经济发展、人才培养等方面都有着不可忽视的作用。我国在建立了社会主义市场经济体制之后,高等职业教育就改变了以往的功能。通过对高等职业教育当前的功能进行深入研究,可以让我们对其发展方向有所了解,从而让高职人才为社会主义建设做出更多的贡献。

一、经济功能

《中国教育发展和改革纲要》指出:"职业技术教育是近代工业和商品经济的产物;是教育与经济的一个重要结合点,是把人才资源转化为智力资源,再把智力优势转化为现实生产力的重要桥梁。"从高职教育对经济发展的作用来看,高职教育是科学技术向现实生产力转化的重要途径,它通过提高劳动者的专业知识和技能水平来促进劳动生产率的提高,进而达到促进经济发展的目的。

(一)直接推动生产力的发展

从高职教育的本质来看,高职教育与生产力、经济、产业联系最为直接、最为紧密，对推动经济的发展具有天然的优势，是把科学规律转化为现实生产力的桥梁。高职教育能够培养经济发展所需要的人才来直接推动经济的发展，而不像普通高教所培养的人才在将知识转化为现实的生产力时还必须经过一定的转化过程。这也是世界许多国家都努力提高地方政府和企业发展高职教育积极性的主要原因。

高职教育这一优势的发挥对我国而言更为迫切。原因之一就是实现科技进步需要大量的中、高级技术劳动力，而我国大部分科研机构独立于企业之外，在将其科研成果转化为生产力的过程中，缺乏企业中间试验和制造能力等方面的辅助性技能型人力资源的支持。

（二）高职教育经济功能的有效发挥

高职教育尽管是在 1945 年以后逐渐兴盛起来的，但在新世纪已经到来的知识经济时代仍将发挥巨大的作用。这是因为：新科技革命的浪潮必将引起新的产业革命和新的产业结构调整，生产过程更加自动化和集约化，生产技术更加精密化和高度化，生产设备将更加复杂化和信息化，由此生产出来的产品的技术含量将越来越高。知识经济时代一方面使得传统的职业岗位的内涵日益丰富，工作难度越来越高，智能成分不断增长；另一方面又产生一批既需要高理论，又需要高技术的职业岗位。这样，从业人员在过去较低文化基础上形成的职业技能已不能满足要求，职业教育的高移化必将成为社会经济发展的必然要求。

当前，世界已进入知识经济初现端倪的新世纪，知识已经或即将成为发展经济最重要的资本，西方学者甚至断言知识将成为一切有形资源的最终替代。但是，知识最终只有被转化才能成为现实的资源，知识的转化也就是科技成果的转化和产业化。这一转化过程直接联系着科研创造和生产加工，是一个不可或缺的而且十分重要的过程。没有这一过程，再先进的科研成果对社会发展的贡献也是有限的。而在科技成果的转化与产业化过程中，掌握着一定技术水平和加工能力的生产队伍是十分必要和关键的，他们是最新科技成果的推广和应用者，也是社会生产水平的直接体现者和推动者。为使他们适应知识经济的这一发展要求，必须重视工艺技术和操作能力的培养，重视高职教育的发展。

二、教育性功能

（一）教育系统中的体系与结构认知

国民教育体系是指各种类型、各种层次教育的有机整体。从系统论的观点来看，以学校为基本单元组成的教育系统是社会大系统中的一个子系统，它与经济、政治、科技等子系统相互影响、相互制约，有着密切的联系。同时，教育本身又是一个小系统，由教育的各个要素按照一定的结构所组成，并形成一定的体系。

系统论表明，结构与功能是系统的基本要素，结构是功能的内在根据，功能是结构的外在表现。一定的结构总是体现为一定的功能，最佳结构方能体现出功能效益的最大化。同时，功能也会对系统的结构产生反作用，如果系统的功能不能适应环境的变化，就会对系统结构的改进提出要求，否则就会导致系统结构的衰退。

所以，系统必须具有合理的结构，不合理的结构必定会影响到功能的正常发挥。教育作为一个具有独立结构与功能的系统，也必须要考虑到系统优化的问题。一般而言，教育可以通过内部结构的合理构建和动态调整，使其自身与其他社会子系统之间，以及系统内部的各个小系统之间相互协调、共同发展，从而充分发挥教育的功能。

（二）高等职业教育在教育体系与结构中的重要地位

教育结构是由人才结构来确定的。社会需要什么样的人才，作为以人才培养为己任的教育就必须具备相应的教育品种与类型，否则就会失去其应有的价值。按照人才知识与能力结构的不同，人才可分为理论型人才、高技术人才、技术型人才和技工。这四类人才的社会功能虽有显著差异，但都为社会所需、不可或缺，缺乏任何一种类型的人才，或这些人才类型之间比例不合理，都可能严重影响到社会的正常运转。

人才是由教育培养出来的，人才类型的不同决定了教育类型的差异。人才的结构和体系，决定了教育的结构和体系。因此，与人才结构相对应，教育可以分为学术型教育、高技术型教育、技术型教育、技工教育。作为现代社会的组织系统，这四类教育也同样是不可或缺，并须具备合理的结构，以发挥其固有的功能。

根据国际教育分类标准，学术型教育和高技术型教育在5A阶段进行，一般是由普通高教组织实施；而技术型教育一般是在5B阶段进行，由高等职业教育来实施；技工教育则在3B阶段进行，由中等职业教育进行，它与5B级教育直接相通。由此可知，高等职业教育是一个与普通高等教育和中等职业技术教育相互衔接与沟通的、独立的教育类型，它们与基础教育共同构成一个完整的教育体系与结构。

（三）我国教育结构与教育体系存在的不足

结构是功能发挥的前提和基础，我国当前教育最基本的弊端

第一章 高等职业教育的理论基础

表现为结构上的不合理，未能形成一个良好的体系，从而严重影响了教育功能的发挥，极大制约着我国社会以及教育本身的发展。

1.高等教育体系中的类型结构及其弊端

我国现代意义上的高等教育自产生以来，就承袭了世界高等教育的学术性传统，始终未把培养技术型人才的高职教育作为一种独立的教育类型加以确立，以致我国的高等教育长期处于只重视以学科为本位的普通高教的单一状态之中。尽管高等专科教育和成人教育以及普通本科教育也力求为生产实践服务，为第一线培养技术型人才，但这一人才培养目标始终没有在我国的高等教育领域确立起来，学术型、高技术型人才一直是我国高等教育人才培养中所追求的目标。这与当今发达国家普遍重视高职教育，将发展高等职业教育视为促进国家经济、社会发展的重要力量形成了强烈的反差。

当前，我国这种以单一的标准、规格培养单一的5A人才的倾向，已对我国高等教育的类型结构造成了诸多严重的后果：

第一，现在的高教类型结构所培养出来的高级人才难以满足社会对人才需求的多样性，导致人才结构性过剩和高校毕业生就业困难，造成教育资源的严重浪费。一方面，普通高校的毕业生基于其知识、能力结构，只适应某些类型的职业岗位，而这些类型的职业岗位又比较有限；另一方面，大量其他职业岗位却由于缺乏适宜类型的人才而空缺，特别是大量需要人才的生产第一线又难以找到适用的人才。这种人才的浪费与匮乏并存的现象严重制约着经济建设的发展。

第二，严重制约了高等教育大众化发展进程。在我国，现有的高教主要是普通高教，培养的主要是学术型、高技术型人才，而社会对这些人才需求量却较为有限，导致普通高教难以进行大规模扩张,从而限制了高等教育大众化的进一步发展,使我国的高等教育入学率一直在较低水平上徘徊。

第三,造成了就业市场的结构性失业,而且这种结构性失业已严重影响了人们对高教前途的信念,挫伤了适龄青年的入学积极性,对中等教育、高等教育的发展造成了一定的负面影响。

当前,我国高等教育这种单一化的人才培养类型状况,随着经济社会的发展,已越来越难以适应社会的需求。实际上,高教本身已觉察到这种结构上的弊端,高校也曾采取多种改革措施,但由于长期没有把培养技术型人才的高等教育作为一种独立于传统普通高教的教育类型加以确立,因此缺乏实际有效的政策导向和支持,也不利于观念的更新,致使高等教育体系结构改革受到极大限制,高等教育类型单一化的基本格局至今没有得到根本的改变。

2.职业技术教育体系中的层次结构及其弊端

改革开放以来,我国职业技术教育得到了很大的发展,其规模和效益也显著提高,形成了一支以中专、技校、职高为主体的中等职业技术教育队伍。中等职业教育的迅速发展为社会提供了大量技工,在一定程度上改变了中考、高考千军万马过独木桥的局面,缓解了高中教育和高等教育的升学压力。在中等职业教育飞速发展的同时,高等职业教育在规模上也得到一定的发展,但参照学术型教育进行办学的倾向和将高职教育看成是层次之别,使职业教育结构也出现了严重的弊端:一方面,在职业教育体系中,真正实施技术型教育的高职教育的比重太低,不少学校可以看出是大专和本科压缩型的痕迹;另一方面,高职教育本身的结构不合理,我国的高职教育长期以来都是以专科层次为主,本科、研究生层次的高职教育刚刚起步。这种结构性失衡对职业教育功能的发挥及其未来的发展将产生极大的负面影响,具体如下。

(1)不符合社会发展对人才的需求状况。教育是由社会所需要的人才决定的,人才的层次、类型、数量等要素,无一不对教育的发展产生重要的影响。当前,随着经济的发展,许多职业岗位的技术含量大大提高,原来由中等职业教育培养的技工和普通高校培养的学术型人才已经难以适应这种变化,这些职业岗位必须由接受过高等职业教育的技术型人才来担当。所以,社会需要大量高职教育培养的技术型人才。从世界的发展趋势看,发达国家对中等职业人才的需求已饱和,对高职教育人才则有大量需求;对我国而言,高职教育还未普遍解决如何合理定位的问题,不符合社会对人才的需求状况,对经济发展必将产生不利的影响。

(2)不利于职业教育本身的长远发展。高职教育的定位不明,一方面使得大量高等职业教育的毕业生难以受到市场欢迎。同时,由于我国的职业教育体系与普通教育体系横向联系极其有限,使高等职业教育在一定程度上成为事实上的"终结性"学术型教育。另一方面,也使得整个职业教育失去了完整性。这种"不完整性"使职业教育很难发挥其独立类型教育形式的特性,大大影响了职业教育本身功能的发挥,对人们的观念也将产生巨大的影响。

总之,合理的结构是功能得以正常发挥的基础,高等教育要全面适应社会主义现代化建设对各类人才的需求,首先必须保证有一个合理的结构,形成一个良好的体系,这样才能保证高等教育持续、快速、稳定地发展。如果高等教育继续保持原来不合理的结构和体系,那么,高等教育越扩张,所造成的资源浪费就越大,造成的危害也越大,对社会发展和高教本身的发展都是极为不利的。因此,高等教育结构的分化与调整已经是一个迫在眉睫的重大问题。

（四）高等职业教育是完善国民教育体系的关键

如前所述，当前我国教育中的诸多弊端，在很大程度上是由教育结构上的不合理造成的，而要改变这种现象，也必须从调整结构开始。高职教育是高等教育和职业教育的连接点，是调整高等教育和职业教育结构的关键所在。

1. 明确高等职业教育的定位

当前我国高等教育结构失衡所带来的问题，主要原因在于高职教育的定位不明，无法培养出社会所需要的技术型人才，从而制约了高等教育功能的正常发挥。而明确高职教育的定位，可以使高等教育体系的结构合理化，功能完整化。高职教育的发展，一方面可以通过培养社会所需要的技术型人才，满足社会对高等教育的需要，完成高等教育的基本职能；另一方面可以成为推进高等教育大众化的重要力量。

发达国家的成功经验表明，在现有的高等教育中分化出一种新的高等教育类型——高职教育，并以法律形式加以确定，是许多发达国家在经济和教育发展到一定阶段出现的共同现象，是半个多世纪以来，特别是20世纪60年代以来，许多发达国家高等教育结构调整及其政策与发展的共同选择。可以预测，大力发展高等职业教育也是我国社会经济发展和高等教育结构调整的必然要求。

2. 完善高职教育体系

完善高职教育体系可以大大促进职业教育发展的合理化。

一方面，有利于中、高职教育的沟通与衔接。高等职业教育定位不明，使中等职业教育与高职教育难以进行有效的沟通与衔接，在很大程度上降低了职业教育的吸引力，阻碍了职业教育的发展。完善高职教育体系，有利于二者的衔接，有利于中等职业教育的毕业生继续深造，从而增加职业教育的吸引力。

另一方面，大力发展高职教育，可以使高职教育成为一个完整的教育类型。当前，高职教育主要集中于专科层次，极大限制了高职教育功能的发挥。作为与普通高教并行发展的一个独立体系，高等职业教育要继续生存和发展下去、就必须健全体系，建立完整的教育层次。

三、社会性功能

高职教育的经济功能已为人们所熟知，而其社会性功能却是一个较为陌生的话题。当然，高等职业教育的社会性功能并不是高职教育本身固有的内在功能，而是在当前社会发展的特殊情况下所体现的特殊功能。了解高职教育社会性功能的这一特性，对更完整地理解高职教育有着启示性作用。

（一）推动高等教育大众化

高等教育大众化是当代社会发展的必然趋势，高职教育的发展适应了高等教育大众化的发展需要，是高等教育大众化的重要组成部分，在很大程度上满足了社会适龄青年接受高等教育的强烈需求。

总体而言，社会发展对高教的客观需要和国民对高教主观上的强烈需求，促进了各国高等教育的大众化。但目前我国高等教育的现状很难满足高等教育大众化趋势所带来的高等教育扩张的要求。

一方面，我国高教总体规模不大，无法满足人们强烈的入学需要。我国高等教育的毛入学率虽说已达到了高等教育大众化的底线，但与我国经济社会发展的需要以及人们对高等教育的需求，还有一定的差距。这种尖锐的供求矛盾不仅限制了我国现代化的进程,也难以满足已进入小康生活水平的老百姓接受更高层次教育的迫切需求,甚至已影响到基础教育的健康发展,使我国基础教育一直处于升学率的阴影下,素质教育很难迈步。所以,高等教育的扩张是一种必然的趋势。

另一方面,我国现行高等教育体系形成于精英教育的时代,人们普遍重视普通教育,轻视甚至漠视职业教育,造成学术型的普通高等教育社会地位高而高职教育受到无形压制的局面。这种以学术型普通高等教育为主导的高教体系在社会经济不甚发达实行精英教育的时代,尚能适应社会的需求。但到了大众化时代,为满足更多的适龄青年接受高等教育的要求,仅仅依靠就业容量有限的学术型普通高教是不可能的。因为学术型普通高教的扩充会使培养出来的学术型、高技术型人才数量超过社会的实际需要,造成人才的结构性过剩,浪费大量的社会资源。同时,由于社会资源过度集中于学术型的普通高等教育领域,使得能够急社会之所需的教育类型在发展上受到很大的限制,从而严重影响了社会经济的持续稳定发展。

因此,我国在加快高等教育大众化的进程中必须另寻他途,即通过大力发展其他类型的高等教育,以改变我国高等教育的"千军万马过独木桥"的历史,使高等教育更好地发挥其社会服务功能。

为推动高职教育的发展,我国政府也先后制定了诸多政策,规定今后一段时间里,本专科生的增量指标主要用于发展高等职业教育。为加速我国高等教育大众化的发展进程,满足社会各方面的需求,必须把发展高职教育视为整个高等教育发展的重点。

（二）积极解决就业问题

人口众多是我国的基本国情。然而，人口众多在带来极为丰富的劳动力资源的同时，也给就业问题带来了严峻的挑战，尤其是在生产力持续发展而劳动力素质普遍不高的情况下，失业问题不可避免地成为人们关注的焦点。加上农村劳动力的转移，以及伴随着产业结构调整和国有企业改革所出现的上千万下岗职工，使我国出现了历史上少有的就业困境。

造成我国当前就业困境的原因很多，其中最重要的原因就是我国劳动力素质低下，难以适应新的职业技术岗位。因此，要从根本上缓解就业压力，最根本的是要提高劳动者素质，这就需要发展教育，特别是高等教育。同时，高等教育结构的不合理也是造成结构性失业的重要原因。在高等教育的发展问题上，长期以来我国只重视学术型普通高教，对高职教育却置之漠然。这一方面造成技术型人才的不足，另一方面也使得学术型、高技术型人才的过剩。因此，从根本上而言，发展高职教育是解决当前我国失业问题的最佳选择。

此外，高等职业教育的发展可以在一定程度上延缓当前的就业压力，而且通过职业技能的加强，人们可以为自己赢得更好的就业资本。

第二章　高等职业教育整合理论构建

理论建构是任何学术研究都追求的一种目标和境界。它是学术研究的根基和底蕴，也是衡量和鉴别研究成果价值品位及深浅高下的标尺。我们希望通过自己的思考，为整合的理论建构做一点基础性的拓荒工作，并吸引更多的人参与到这一研究阵营里来。

第一节　整合的理论价值与特征描述

一、整合对高等职业教育的价值

连结组合多个性质不同的现象、事物或主体，使他们在趋于相同的价值整体上进行融合的过程就是整合。对于高等职业教育而言，整合能够体现其价值。

第一，整合这种哲学方法论是被高度概括的。方法分为理性层面的方法、有经验层面的做法和哲学层面的方法论这三个层级。方法是一种研究方式，即规范和程序，方法论则是一种理论，属于方法本身。方法论这种理论抽象存在于方法之上，有一定的权威和规范。然而，像教学的模式、方式和程式这样的"式"也可以用来概括我们常说的方法，这是一种依法行事的状态，整体上有可操作性和形式性两种特征。

第二，整合是拓展创新可能和教育边界的有效方法。整合作为方法论理论，当然不是终结性的，而是始发性的。因而，我们必须怀揣着整合的方法上路，寻求高等职业教育创新才是我们的目的。整合的方法为高等职业教育的理论和实践创新提供了无限的可能性。整合可以在跨界整合中，极大地拓展职业教育的边界和领域，催生职业教育的发展创新；可以贯穿职业教育一切过程的始终，催生职业教育的实践创新；可以与各种学科理论、思想整合交集，催生职业教育的理论创新和超越。

第三，整合是高等职业教育理论建构的基础。整合是职业教育理论和实践建构、运行的总纲，是职业教育理论和实践的灵魂和核心，全部职业教育的理论基础、思维方法和实践模式都是建立在整合上的。在这个意义上，我们也可以把整合称为高等职业教育理论建构的"学科之眼"。透过这一"法眼"，职业教育研究将获得一种高远的视界，一览众山小；将获得一种邈远的境界，视野无极限。整合使我们在俯瞰和远观的视界中，看清职业教育的本质和全貌，洞悉职业教育的远景和走向，并在这样的整合追求和实践中，登临极顶，放眼未来，实现超越，行之久远。

第四，要想构建职业教育学科，必须要从整合上着手。专业人员在其独有的领域建立出的专门化知识体系就是学科，这一学科会在专门的术语和方法的基础上建立，有严密的体系、一致的概念和可靠的结论。目前，社会还没有广泛认同职业教育一级学科的地位，因此，这一学科一直处于教育学的从属地位。从本质上来看，形成这种现象的原因主要有两个，一是学科没有清晰的性质，职业教育的学科体系并没有被这一学科的各种性质界定和规范所支撑起来；二是过于严重的体系同化，对高等教育学或教育学理论过多的借鉴和移植，自身没有自己独特的话语体系和核心范式。从严格意义上来看,职业教育自身的学科理论还没有形成,并且内部也没有建立起来高层次的职业教育学科体系。一门学科在学科建设的条件方面有三个层面,即"学""道""技"。"学"主要探讨原理、机制和规律等方面,属于科学范畴。"道"指的是一种立场、思想、观念和方法论,能够影响学科的发展,属于哲学范畴。"技"主要表现为技巧、技术、方法等,是一种行为方式,属于技能范畴。在职业教育学科内,"道"会对"技""学"进行统领,并将其整合进而建设学科。

二、高等职业教育整合理论的特征描述

特征是事物的特性和表征,是一事物区别于他事物的特殊性的体现。理论特征是指某一理论所具有的独特的个性表征,它是理论由内而外彰显出来的一种品质,同时又是由外而内蕴蓄的一种特性。高等职业教育整合理论有四个基本特征,即普遍性、联系性、综合性、整体性。

(一)普遍性特征

普遍性是高等职业教育整合的存在特征。对于高等职业教育而言,整合是普遍存在的,它无处不在,无时不有。

一方面,高等职业教育的整合普遍存在于高等职业教育的发展过程中,换言之,高等职业教育所涉及的各个领域和方面,所存在的事实和现象都可以纳入整合的视野和范畴予以观照和审视、解读和揭示,没有例外。

另一方面,每一职业教育的发展过程自始至终存在着整合。如校企合作、教育体系、课程改革、资源共享、师资要求等,都始终与整合相伴随。旧的整合过程完结了,又将酝酿和开启新的

第二章 高等职业教育整合理论构建

整合，它是一个周行不殆、循环往复以至无穷的过程。只要高等职业教育存在，整合就存在。高等职业教育就是一种整合的存在，换言之，整合是高等职业教育的存在形式。

（二）联系性特征

联系性是高等职业教育整合的生成特征。整合是寻求联系的过程，联系是整合的内在机理，没有联系，就没有整合。联系的观点是唯物辩证法的一个基本观点。联系是指一切事物、现象及事物内部诸要素之间的相互依赖、相互制约、相互影响、相互作用。事物的联系是客观的和普遍的，联系的客观性是指联系是事物本身所固有的本性，不以人的意志为转移；联系的普遍性是指世界上的一切事物都与周围其他事物这样或那样地联系着，任何事物内部的各个部分、要素又相互联系、相互作用着。整个世界就是一个相互联系的统一体。从联系的基本环节或辩证范畴看，现象和本质是显隐联系，内容和形式是表里联系，原因和结果是依存联系，可能性和必然性是转化联系。当然，还有内部联系、外部联系，直接联系、间接联系等。

高等职业教育的整合就是对事物各种联系的发现和把握。因为只有发现联系，才能将二者联结到一起、整合到一起；反之，如果没有联系或虽有联系却没有被发现，都将无法实现整合。如职业能力与技能训练是一种直接联系，我们可以把二者联结到一起，形成整合。但职业能力与知识和工作任务之间的联系，就不是那么明显，它们是间接联系，发现这种联系需要有眼力和智慧。只有在具体工作情境中，发现事物内在的、深层次的联系，才能实现职业教育有价值的创新整合，指导职业教育的实践。所以，联系是整合的基础和前提，是生成整合的基本特征。

（三）综合性特征

综合性是高等职业教育整合的手段特征。综合相对于分析而言，它是在分析、比较、归类等思维过程的基础上，将事物的各个部分，按照事物的本来面目有机地联结到一起，从整体上把握事物的思维过程。综合是将联系的事物整合为一体的手段，两种不同的事物不论联系多么紧密，它们并不会自动地结合在一起，生成新的事物，它需要外在综合地促成，需要手段的连接。手段是确立目的的方法、介质和工具，是实现目的的策略。高等职业教育的整合需要综合手段的辅助。

以课程整合为例，面对高等职业教育课程芜杂、繁多、课时超载的现象，我们必须对它们进行整合。但这样的整合不是任意而为的，而是建立在对课程性质的分析、课程内容的比较、课程门类的归并基础上的。如将种植专业的植物学、植物生理学、土壤学、农业气象学、肥料学五门课程整合成植物生长与环境，就是以综合为手段，实现对课程的成功整合。若无综合，离散的、分拆的事物不能凝聚为一个整体，不能生成具有整体优化特征的全新的事物，整合就无由实现。应当强调的是，应处理好手段的运用与目的的关系，因为手段价值离不开目的价值的规定，目的价值离不开手段价值的推进。如果没有手段价值的现实化和层层推进，目的价值就会成为空中楼阁。同样，如果没有目的价值的规定，手段价值就会陷入盲目和自流。所以，高等职业教育整合必须高度重视综合手段，并在整合实践中注意这一手段与整合目的的统一。

（四）整体性特征

整体性是高等职业教育整合的完型特征。整合是以综合为手

第二章　高等职业教育整合理论构建

段，从整体上把握事物的哲学方法。整体性是整合后的事物体现出的一种完型特征。系统理论特别强调事物的整体性或整体功能，强调1+1＞2的整合效应或系统功能。

整合的整体特性要求我们：首先，要有整合的整体意识，要立足整体看事物，观万象，这样才能看清整体，总览全貌。其次，要重视整合结果的整体优化。这里可以借助1+1数字模型而言明整合结果的几种情况。

一是1+1＜1，这是一种完全失败的整合，现实中这种整合有时也是存在的。例如，如果当这种整合是混乱、冲突、内斗、自耗的整合，就必然会产生小于1的结果。这样的整合是我们最不愿看到的，其结果是不仅整垮了别人，也整垮了自己，是"双输"的整合，不如不整合。

二是1+1＜2，与整合的预期相比，大为缩水，并没有达到整合预期的效果。

三是1+1=2，这是整合的正常情况，是一种无衰减的平衡态整合。这种整合虽然在规模或数量上产生了变化，也不排除在局部、个别的方面有一定的创新和超越，但在总体的质量和效益上并没有突破和长进，是一种量的区间的震荡和渐变。以水为喻，这种渐变和波动并没有改变水的形态，升温而不至为气，降温而不至为冰，没有新质的产生，是渐变累进的常态模式，也不是理想的整合。

四是1+1＞2，大于2的整合结果，意味着整合取得了质变和突破，取得了显绩和实效，是一种水化为汽或凝为冰的超越创新式整合，是我们希望看到的理想样态的整合。

从价值理论角度研判，第一种整合是负值的整合，第二种整合是减值的整合，第三种整合是等值的整合，第四种整合是超值的整合。我们所追求的整体优化的整合，应当是1+1＞2的超值整合。

第二节 整合：高等职业教育的逻辑起点

逻辑起点是高等职业教育理论与实践研究的一个重要问题，是高等职业教育理论和实践的起始范畴，由此出发，能够推导和演绎出整个职业教育的宏大体系，能够解释职业教育的一切事实和现象。逻辑既是理论体系建构的本源、开端和基础，也是思想或思维的起点，还是实践操作层面最根本的起点和方法论。因而有必要加以澄明和厘清，以便为高等职业教育研究设定一个好的切入点，理顺研究理路，为研究的展开打开通道。

一、职业教育逻辑起点的认定依据

认定职业教育的逻辑起点，不是以主观上觉得如何而定，而应该科学准确地把握逻辑起点的内在规定性和认定依据，这样才能帮助我们循此追索、由表入里，有效地厘清职业教育逻辑起点的本真性状，真正找到属于职业教育的逻辑起点。

（一）逻辑起点是理论的起始范畴

一方面，逻辑起点是理论建构的基石。逻辑起点又称初始性范畴或理论基石、逻辑基石。逻辑起点是一门科学或学科的理论体系的基石，是理论体系赖以建立的基础。这一基石以"胚芽"的形态内在地隐含着所有后续规定的内容，一切后来的东西都可以而且必须从中合理地、有序地演化出来、拓展开来。

第二章　高等职业教育整合理论构建

另一方面，逻辑起点是理论有序展开的始点。理论，是经由缜密论证的概念组成的知识体系，是系统化了的理性认识。这种由概念、判断和原理构成的体系，不是胡乱堆积的，而是有机联系的、相互兼容的，并能够被有序化地推导。逻辑起点就是理论有序展开的"起始范畴"，是理论体系的"始自对象"。因而，反过来，逻辑起点又成为掌握理论精髓的重要前提，它既是我们把握已知科学规律的瞭望窗口，又是我们窥探未知领域奥秘的开门钥匙。

（二）逻辑起点是一个抽象的规定

逻辑起点是包括教育学体系在内任何一门学科体系范畴中最抽象之物。只有找到了这个抽象之物，并将教育理论奠基于此基础之上，才能科学地体现出教育理论对教育实践的巨大指导意义。

首先，逻辑起点是最集中地反映事物全体的本质的范畴，它必须是经由现象概括达于本质而又能反转过来解释现象、指导现实的范畴，这样的范畴必然是一个抽象的、一般的、普遍的规定。

其次，逻辑起点只有高度抽象，才能达到形而上的理论高峰，产生高屋建瓴的理论势能，才能极大地拓展其外延，为理论体系的建构开辟更广阔的空间，预留足够的领地。换言之，作为逻辑起点的范畴必须是一个虚灵的概念，才能承载和生成更多、更丰富的东西。

最后，越是抽象的就越是具体的。逻辑起点只有高度抽象，才能与形而下的教育实践之间形成巨大的理论张力和活力，才能在与具体的、个别的、特殊的职业教育实践的相互结合、相互作用过程中，产生普遍的指导作用。

(三)逻辑起点是一种思维方式和前提

思维方式是人脑活动的内在程式，是人们通过思维活动达到思维目的的途径与方式。不同的人有着不同的思维方式。例如，哲学家通过符合逻辑的思维思考抽象的事物，文学家则通过形象的思维把握外部世界。逻辑起点是人们把握理论并建构理论的切入点，与人的思维方式直接相通，换言之，逻辑起点本身就构成一种思维方式。这可以从以下两方面求证。

一方面，逻辑起点问题是哲学特别是逻辑学研究中的一个基本问题，对它的理解就不能脱离开哲学、逻辑学的基本理论。逻辑学是以思维本身为研究对象的，是研究思维的形式和规律的科学，逻辑起点自然要符合逻辑学的规定，与逻辑学过从甚密，并和人的思维方式、方法相关。因而，人们通常也把逻辑起点当作思维的前提和取向、思维的有机构成。

另一方面，哲学方法论是人的思维方法的核心，对各种具体的思维方法起着制约作用。从哲学意义上讲，逻辑起点是人们思维的具体上升到抽象再到具体全过程的初始概念，从而构成思维的基石。换言之，逻辑起点对整个思维过程具有引领制导作用，并在过程中体现方法，在方法中蕴含过程。

二、整合：职业教育逻辑起点的澄明

(一)整合是职业教育的起始范畴

逻辑起点要求作为起点的东西，必须是一个理论体系的开端，是理论体系的根基。考察"整合"这一范畴，完全具备这样的特性。整合是一个外延极宽泛和内涵广延性极大的概念，由此出发，可以涵盖和推导出整个职业教育的理论体系。这从职业教育的产生、

第二章 高等职业教育整合理论构建

性质和发展路径等多方面都可以得到印证。

第一，高等职业教育的产生就是以整合为发端、为手段，组合重整的产物。整合的方针是"三改一补"，即对现有高等专科学校、职业院校和独立设置的成人高校进行改革、改组和改制，并选择部分符合条件的中专改办。整合的类型和策略是：①中专整合的升级版，即多所中专学校合并重组，升格为高职院校；②独立转型的改制版，即由单一的成人高校、职业大学或专科学校改制成高职高专院校；③多级整合的混成版，即由一所专科加一所以上的中专学校，不同等级的学校混合整合而成的高职院校。正是由于职业教育的成功整合，才迎来了高等职业教育大扩容、大发展的黄金10年，为我国经济的振兴与发展奠定了人力资源基础，提供了有力的保障。

第二，从高等职业教育的性质看，高等职业教育也是基于整合而生成的。高等职业教育在层次上属于高等教育的范畴，有别于初、中等职业教育；在类型上属于职业教育范畴，有别于普通高等教育的学科体系；在内容上属于技术教育范畴，既有别于普通高等教育的学术教育，也有别于中等职业教育的技能教育。可见，高等职业教育的性质就是高等教育、职业教育、技术教育的整合，它是层次、类型、内容"三位一体"多元整合的产物。

第三，职业教育的发展路径是"工学结合、校企合作"，同样是工作和学习整合、学校和企业整合的产物。为此，姜大源就直接把职业教育视为"整合科学"[1]，认为它是指"在职业教育领域内集成教育过程与工作过程的创新性的职业科学"。除此之外，他还鲜明地提出了职业教育是"跨界教育"的观点，实质上还是整合教育的另一种表述。

---

[1] 姜大源.职业教育专业教学论初探[J].教育研究，2004（05）：49-53.

（二）整合是职业教育的抽象规定

作为职业教育的逻辑起点，整合是一个哲学概念，是抽象的。抽象是指从许多事物中舍弃个别的、非本质的属性，抽出共同的本质属性，形成概念的过程。整合就是这样一个抽象的概念，它不能被具体体验，也不能被想象感知，是笼统的、空洞的东西。这种抽象规定代表的是一种哲学思考、一种方法表征、一种创新追求。

首先，作为哲学思考，整合是寻求联系的过程。联系性是整合的内在机理，整合就是发现联系并将具有内在联系的事物组合到一起的过程。没有联系，就没有整合。整合就是在思考中发现联系，在联系中实现整合的抽象思辨和理性统整的过程。

其次，作为方法表征，整合是方法运筹的过程。逻辑起点是一定的立场、观点和方法的集中体现，也是一种理论体系区别于其他理论体系的标记。选择科学的逻辑起点，也就是选择建构科学理论体系的重要方法和原则。整合作为职业教育的方法论，是囊括全部和贯穿始终的。就课程而言，面对职业教育课程的分散、错位、低效，以及教材的繁、难、偏、旧的积弊，个别的、具体的、隐性的整合行为是随时发生，无处不在、无时不有的。而当这样的整合实践积累到一定的程度，经由归纳、梳理、提炼，就可以概括成具体的整合方法，这时隐性的经验整合就上升到了显性的理性方法阶段。而对这些整合方法进行再抽象、再概括，就达到了方法论层面，进到了思维的更高阶段。这样经过一个"肯定—否定—否定之否定"的轮回，又重新回到了新的更高的整合的逻辑起点。

最后，作为创新追求，整合是创新生成的过程。整合的本质就是创新。通过整合，归并、舍弃、删削旧的要素，增加、合并、重组新的要素，产生 1+1 > 2 的整合效应，使对象发生我们所期望的合目的的变化、合需要的效能及合发展的创新。

（三）整合是职业教育的思维方式

思维方式是人脑进行思维加工的活动程式。思维方法是思维方式的核心内容和具体体现，是构成思维方式中最实质、最基本的部分。整合作为职业教育的逻辑起点，正是理论思维的形式和思维工具。这种整合思维方式在职业教育研究过程中表现为概括化、类比化、归纳化、演绎化等。

概括化是思维的具体形式，它是指从事物的相同属性中抽取共同的本质属性，形成上位的普遍概念，然后再推广到具有同类属性的一切事物中。概括化是指对事物概括的过程，亦即整合的过程。因为任何概括都是由分析、分类、比较、抽象、综合等环节的整合实现的。在职业教育中，我们对事物的认知与把握，对方法的提炼与概括，对思维的历练与提升，一刻都离不开概括。

类比化也是一种整合的思维方式。类比与演绎和归纳一样，是人类主要的思维和推论方式，也是任何一种理论展开论述的基础。类比是两类事物多个相似点的系统比较，它是结构化的。在这两类事物的比照中，必有一种具有简单的、直观的、确定的性质，使人们从熟悉的、众所周知、一清二楚的事例中得到的知识与不明确的、人们不甚熟悉的或然性境况相联系。

归纳化是从个别性的前提推论出一般性结论的方法。它是个别与个别相整合，归入一般的类来认识，最后达到一般的过程。因而，归纳化具有鲜明的思维整合的特征。对职业教育而言，归纳侧重对经验事实的概括，从经验升华为结论，从个别的、表面化的、缺乏普遍性的经验中抽象出一般原理，把握个性中的共性。

它是职业教育最重要的思维方法之一。

演绎化是从一般性的前提推出个别性结论的方法,先假说,后求证,这是从一般到个别,推论和判断个别事例的认识方法。演绎是一般与个别相整合,最后推导出新的个别的过程。演绎的逻辑思维和推论可以使我们利用知识不断认识新的事物,使认识不断拓展、深化。归纳和演绎两种思维方式又是互补的。归纳的结论成为演绎的前提,演绎的结论又成为归纳的新的材料;归纳是获得知识,演绎是运用知识。正如哲学家怀特海指出,知识来自从特殊上升到一般的归纳性逻辑,而利用则是把这个过程颠倒过来,再从一般降至特殊,是演绎的逻辑。整合起来看,利用知识实为一个不断上升和下降的过程。

第三节 整合:高等职业教育的核心范式

范式是1962年美国科学哲学家托马斯·库恩(Thomas Samuel Kuhn)在《科学革命的结构》一书中提出的核心概念,自此以后就开始逐渐泛化到社会科学领域,并被教育研究领域普遍使用。库恩认为,范式主要是指某一学科群体在某一专业和学科中所具有的共同信念。这种信念规定了他们共同的基本观点、基本理论和基本方法,为他们提供了共同的理论模型和框架,从而成为该学科的一种共同传统并为该学科的发展规定了方向。当下高等职业教育在寻求理论创新与突破的过程中,也开始尝试引入和借鉴范式理论。

第二章　高等职业教育整合理论构建

一、职业教育范式的澄明与厘定

（一）职业教育范式的澄明

我们认为职业教育可以应用职业教育的范式或无范式理论。主观感觉并不能决定学科领域是否有与自身相适合的研究范式，因为这是由客观实际决定的，所以我们不应当轻率的判定这些内容。换言之，我们并没有将职业教育中的范式找出来，即具有普适性的研究方法、共有信念和思维框架并没有被挖掘出来，因此，这种研究范式并不能被判定为不存在，只能说研究的深度还不够。这与牛顿的万有引力定律类似，我们不应当否认在牛顿发现万有引力之前，万有引力就已经存在。

（二）职业教育范式内涵的厘定

首先，范式这种理念的内涵为"信念"，信念作为一种思想观念，被人们所坚守、相信，范式是把持定位理论研究的内容。范式作为一种信念和理想被群体一致遵守，这一学科信仰主要侧重于以同类研究为基础的共同体成员方面的研究。这一信念能够从根本上引领特定领域的学术研究，具备预设性和前瞻性，能够对研究群体人员的动力和热情进行激发，使之获得共同的理想信念，进而为目标努力。

其次，范式也属于方法论和方法的一种。在后继的研究者群体中这一说法被广泛认同。人们对世界认识和改造的一般方法和方式就是方法论，方法论属于一种理论或学说体系，方法论的研究主要侧重在论方法上。

再次，范式也是研究框架和思维方式的一种。范式能够将人们通过哲学的方式与外界环境建立关系，是一种解释方式和思维形式。范式的形式有其自身的发展历程,主要为"感性具体—理性抽象—思维具体",这是一个从程式向模式发展的过程,侧重的领域也逐渐从具体做法而走向理性抽象,其发展的最终目标为思维具体的范式。研究方法一旦走入了范式的层面,其本身的思维方式就上升到了方法论层面,能够真正地指导思维。

二、整合作为职业教育核心范式的逻辑论证

职业教育的研究范式就是"整合"。整合范式是教育工作者共同持有的关于教育理论与实践所依托的教育理念、理论框架和文化认知方式。整合成为职业教育研究的核心范式的原因如下。

(一)整合具有范式应具有的共性特征

从范式的基本信念、基本的前提假设和基本的研究方法三个规范维度加以展开。

(1)如今人们会在比较各种学科教育的过程中,获得对职业教育的基本信念,即产生了教育中的分类,出现了另一类型的教育,这种教育的本质被认为是整合教育。就姜大源的说法来看,定界的教育包括高等和普通中等教育,而职业教育超越了企业与学校、职业与教育和工作与学习的界域,具有较强的开放性,在教育的过程中,能够跨界。学界对这种创新的理念广泛认同,这是因为这种理念与职业教育的特点、规律、本质和类型相符合。能够将一个全新的语境提供给职业教育的研究。

(2)在职业教育的研究中,整合是最具有创新品格和特色的假设。要想进行推测和创新就必须要进行理论假设。从本质上来看,理论假设是一种推断和界说思想理论假定的内容。其基本特征有三个,即假设这一观念产生于研究;假设这一判断产生于经验;

假设提炼于思考。假设引领着整个理论的研究，能够对研究的目标企聚焦的作用，制定并引导整体的研究方向。"整合"这种基本假设的提出是以职业教育的众多实践、现象、研究和思考为基础的，并不是主观臆造出来的冥想内容。

（3）对于职业教育研究而言，整合这一策略和方法论是最基本的。对于研究而言，研究的方法是十分重要的组成部分，它能够将问题分析的工具、框架和视角提供给科学领域的分析，同时在应用的过程中也担任逻辑起点的角色。对于职业教育的研究而言，整合式预测性和解释性是应用最广的方法与理论。即对于职业教育而言，如果职业教育是人体，那么整合就担任着人体中的脑和神经系统的角色，拥有最重要的统领功能和中枢效用。

（二）整合是职业教育研究全能的、通行的方法体系

首先，整合的方法性质不仅是实践的具体方法，也是一种研究方法论，这一方法论存在于宏观哲学层面。整合方法作为一项方法体系是通行的，全能的。例如，整合的行为在微观教学层面是时时刻刻都在发生的，只不过这种行为的发生是一种经验形态的整合，比较隐性。

其次，整合的方法是综合的、联系的和辩证的，这是其方法的主要特点。范式作为方法论应具备的内涵和其哲学品质体现于这些特点之中。联系性体现在整合范式的基础之上，对于整合而言，联系是基本环节和必要条件，是整合的前提。综合性存在于整合范式的手段层面。综合是一种整体性的眼光，将眼光放在事物的整体上，从整体上对事物的规律和本质进行把握。对于整合范式而言，综合是实现手段和精髓。辩证性存在与整合范式的思维方式层面。辩证思维方法体现在方方面面，其中包括从一般到特殊

的演绎整合、归纳和经验整合等。

最后，整合方法具备非常强的适用性，能够与职业教育的需求相吻合，迎合职业教育的性质和特点。有研究者认为，缺乏独特的研究范式，是中国职业教育学科发展过程中的巨大障碍。而如果我们在思考职业教育的问题时应用整合范式的眼光就会发现我们能从整合中找到所有与职业教育理论和实践相关话题的答案和解释，包括职业教育的形态、关系、结构、环境、属性、政策和管理、课程与教学等，核心范式能够拓宽职业教育研究的视野。

（三）整合是一种研究的理论框架

问题在安置的过程中，需要框架来进行联系和假设。职业教育研究在长时间内并没有寻找到自身的理论立足点和思想根基，总是对其他学科的相关理论进行借鉴和移植，拥有自身特点和逻辑的理论体系很难被建立起来，思想在各种理论之间游行，理论和逻辑过于分散容易产生错位。因此，人们都认为职业教育并不适合应用职业教育无范式或范式。整合的框架作为一个理论架构，具备较强的承载力和包容性，几乎能对职业教育的所有现象加以解释，换言之，整合是所有职业教育现象的归属点。

高等职业教育在职业教育的本质属性层面上与中等职业教育有差别，属于高等的层次；职业的类别属性代表了其整体的统一性。整合的关系还包括职业教育与企业和政府之间的外部关系，这一点在"工学结合、校企合作"办学模式中体现得更为突出。整合式是职业教育大多专业的形式，职业教育专业不仅直接的融合与职业，还有跨界的交叉整合，如电子商务、机电一体化专业等。

综上所述，整合从理论和逻辑层面都必然成为职业教育研究的核心范式，这是被基本方法论、理论框架、共有信念和事实、时政等多元层面共同证明的，整合将会把新的思考机制带给职业教育的研究，使职业教育的发展获得理论方面的支持，将职业教育推向永续、创新和整合发展的道路。

第四节 整合：高等职业教育应有的思维方式

一、思维方式及其特性

人类的思维方式是在持续发展中的。历史的视为方式，孕育着现代思维方式，最终凝结了时代文化，在大量的实践下从传统思维方式中延伸出来。古代思维方式总体上有朴素整体性、直观猜测性和模糊综合性这三个特点；近代思维方式有机械性、分析性和静态性三个特点；现代思维方式有系统综合性、动态开放性和自觉创新性三个特点。

（一）系统综合性

古代的人们主要通过综合的方式来把握认识对象，但当时的综合方式存在一定的直观猜测。在近代人们开始对世界的各个方面加以分类研究，开始收集各领域和学科的材料，综合不在主导人们的思维，人们的思维开始走向分析。综合到了现代，又开始统领思维方式。但现代的综合思维与古代不同，人们在把握事物的过程中，开始将观察的角度放在事物内部和事物之间的联系上，这使得人们在认识复杂事物时能够更加深刻、更加全面，观察具有层次性、相关性、有序性和整体性等特点。思维方式统一了理想信念和知识体系、文化传统和个体经验、非理性与理性思维，综合了人的各种观念和精神要素，这便是综合性的主要表现。从整体上看，思维的特征是系统综合性。人的思维能使人在理解当下事物时能够整合个人的经验、认知前见和观念等，进而促成各种视域融合的形成。

（二）动态开放性

思维成果的产生来源于思考，因此思维都是动态的，思维产生于宇宙间的信息组合、交换与生成的过程中。人们认为，思维以气体的形态存在于头脑中，说出来又变成液体，呈现在纸上又形成固体。在人的头脑中，思想是动态的，变化无常且飘忽不定。不管什么时候，思维都要持续地干预外部世界的思考，就是人的根本职能。人的思维总是在对外界的思维材料不断地吸收，同时也在对自身内在的思想资源进行激活调动，使思维永远保持动态开放的状态并能够与外部世界的信息产生持续交流，获得补给，为思维带来源源不断的鲜活血液，保持思维的开放性。变化、运动和发展也是思维对象和客体的属性，这也是思维动态开放性的来源，这就需要我们实时调节自己的思维方式，使之与外部的世界相适应，保持良好的效果。

（三）自觉创新性

现代社会的发展来源于持续的创新。创新思维就是要对新设计、理论、方法、观点和原理等进行开创的思维，因此，现代思维又存在创新批判精神和自觉的怀疑。对于人类发展和社会进步而言，创新是根本源泉。然而，思维方式的创新是创新的立足点，只有存在的思维上的创新，才能够带来真正的创新。创生理论来源于创新,已有的理论也会在时间的打磨下失去原来的活性与张力。但我们一旦将创新基因注入我们的思维中,个人的理论品位和思维品质都会得到提升。

二、职业教育整合思维方式的逻辑论证

整合思维方式是一种加工整合思维的过程,这个过程的引导为思维目标,内在机制为整合。整合思维,能够对事物的各个层次、方面和结构进行全方位,多维度地把握和认识,同时对事物各要素之间的变化与联系进行良好把握,并将其整合。整合思维方式与历史发展与客观实际的大趋势相符合,是一种现代创新思维,能够帮助我们在越来越复杂的社会实践中灵活应对。职业教育的思维方式在主导倾向方面是整合的、跨界的。换言之,对于职业教育而言,虽然其他思维方式也有用武之地,但最根本的思维方式就是这种整合思维。

(一)职业教育整合本质的规定

人们一般从培养目标层面界定职业教育的本质。以高等职业教育为例,2005年颁布的《国务院关于大力发展职业教育的决定》认为职业教育是培养"数以千万计的高技能专门人才"的教育;2011年教育部副部长鲁昕首提培养"高端技能型人才"的教育的概念;2013年颁布的《国家教育事业发展第十二个五年规划》又将培养对象修订为"高等职业教育重点培养产业转型升级和企业技术创新需要的发展型、复合型、创新型的技术技能人才"。姜大源则从职业教育本身性质角度独辟蹊径,提出了"职业教育是

跨界教育"[1]的观点，得到了普遍的认同。兰州大学教育学院马君博士在论及职业教育学性质时也指出："职业教育学是一门介于社会科学与人文科学之间，但更偏向于人文科学的跨界性学科。"[2] 与姜大源提出的跨界教育观可以相互佐证。我们认为，跨界就是整合，而且整合比跨界更具有理论包容性和实践指导性。因为跨界是观念对事物的，重在揭示职业教育的性质，具有认识功能，但缺乏对行动路径的揭示和澄明，不能解决职业教育面对"怎么办"时的焦虑；而整合是观念对实践的，不仅能指导人们认识事物，而且具有变革实践的功能。所以，我们称职业教育是整合教育。

（二）职业教育整合本质的多元确认

职业教育整合的本质还可以从诸多方面予以确认。从职业教育的"以服务为宗旨、以就业为导向"的办学方针看，它是办学职能和办学目标的整合；从"校企合作、工学结合"的人才培养模式看，它分别是办学模式和教学模式的整合；从现代职业教育体系的建构看，它是教育的层次、类别等的立交整合；从职业教育的"合作办学、合作育人、合作发展、合作就业"办学观念来看，其本身就是整合的产物；从课程改革的形态看，它是工作与课程或项目、任务等与课程的整合；从职教集团办学模式看，它是不同办学主体、资源等的集约整合；从师资队伍的特点看，它要求进行"双师型"整合等。职业教育的一切方面和方面的一切，都是整合性的，概莫能外。它放，可以一生万；收，可以万归一。这个"一"，就是整合。

---

[1] 姜大源.职业教育基础理论探究对教育学的贡献[J].教育家,2018(40):57-59.

[2] 马君.中国职业教育学的反思与建构[D].天津大学,2011.

第二章　高等职业教育整合理论构建 <<<

职业教育整合的本质决定了职业教育的思维方式是整合性思维，决定了整合在职业教育思维体系中的主导地位。它要求我们必须以整合的思维来正确认识和把握职业教育的现状和规律，思考和解决职业教育的现象和问题。

第三章 高等职业教育管理理论与模式创新

第一节 高等职业教育管理目标制定与实施

高等职业教育管理有其特定的目标和内容。了解高等职业教育管理目标的制定与实施,明确高等职业教育管理的内容,对于实行科学管理,提高管理效率,具有十分重要的意义。

一、高等职业教育管理目标的制定

使某种预先设定好的目标得以实现是一切活动和工作管理的最终目的。要想使管理效能得到提高,必须有明确的目标。高职院校的管理者只有对高等职业教育管理目标加以正确认识和正确制定才能够做好管理工作。

(一)高等职业教育管理目标的内涵

高等职业教育管理目标,是高职院校管理活动在一定时期内所要达到的目的和结果。高职院校各级管理者在管理学校的过程中,依据高等职业教育的发展规律和学校实际,遵循科学的管理原则,运用先进的管理手段,对学校的人力、物力、财力、时间、

第三章 高等职业教育管理理论与模式创新

信息等进行有效的管理,使之发挥最大的效益,从而全面地、完善地实现教育目标。管理目标除了具有一般目标的特性外,还有其系统性、竞争性、适应性、科学性这些特征。

一所高职院校有许多人员,干部、学生、职工和教师的数量众多,只有将全体人员协调的统一在教育活动中才能够使专业技术人才高质量培养的任务得到完美实现。这就要求院校内对相应的管理机构进行建立,以此来进行一系列的管理活动。一所高职院校有许多的人员层次和分工,但他们拥有一致的目标。院校之中的各单位、部门的成员应当以一致的步调协同合作,只有这样高职院校的教学目标才能实现,因此,院校管理工作需要拥有一致的总目标。在院校总目标的基础上,各单位和部门要对自己的具体目标进行制定,使院校目标管理系统得以形成。

高职院校的各种工作,归纳起来无非有两个方面,即教育工作和管理工作。在院校的目标系统中,教育目标与管理目标是既有区别又有联系的两个侧面,它们是相互依存、相互作用、相辅相成的。教育目标是制定管理目标的前提和依据,管理目标是为实现教育目标服务的;而教育目标的实现,必须以管理目标的实现为条件。因此,确定高职院校的管理目标必须根据教育方针和战略目标、学校的教育目标及主客观条件,使管理目标既符合教育规律,又符合管理的一般原理。

(二)高等职业教育管理目标的制定依据

高等职业教育的管理工作,首要的任务是提出和制定管理目标,这是整个管理活动过程的关键。要使管理目标科学合理,主要依据有以下四个方面。

(1)方针政策和上级指示。党和国家的有关方针、政策,以及国家教育部和上级领导部门对高等职业教育工作的指示，是制定高等职业教育管理目标的主要依据。因此，在制定高等职业教育管理目标时，各级管理人员要认真学习有关方针政策，准确领会上级指示精神。

（2）科学理论。高等职业教育管理是以多种科学理论的运用为基础的。科学理论是客观事物的本质及其规律的正确反映，制定管理目标，必须以反映客观规律的有关科学理论为依据。高等职业教育管理是管理科学在高等职业教育这个具体领域的应用，在制定管理目标时还必须以管理科学理论作为指导。同时还要研究高等职业教育与当前政治经济关系的科学理论，要遵循教育学、心理学等科学理论。

（3）未来预测。目标总是指向未来的，掌握了事物发展动向，就能使目标具有预见性。因此，高等职业教育管理目标的制定，必须建立在对未来情况科学预测的基础上。管理人员要经常调查研究，亲自掌握和分析各种信息、情报资料，预测未来的发展趋势。预测现在已经成为一门专业学科，管理人员要研究和运用各种有效的预测方法和技术，为制定目标服务。只凭管理者的经验，只凭个人印象，不做科学预测而提出的目标，往往不会对管理实践产生显著的指导意义。

（4）实际条件。目标既要指向未来，又要立足在现实的基础上。制定目标，要坚持实事求是的思想路线，从现有的主客观实际条件出发，这是唯物主义的目标观。高等职业教育管理目标，不是管理者的主观愿望，只有立足于现实基础、面向未来的目标，才具有指向和推动作用，才具有可行性价值。目标不能过高或过低，以经过管理者和组织成员的努力能达到为原则，掌握在"跳一跳，够得到"的程度上。因此，在制定目标时，要做好两方面的工作：一方面要客观地总结过去的工作，总结过去的工作内容、工作结果、经验教训等；另一方面要认真调查研究，科学地分析高职院校人力、物力、财力等现实条件和有关制约因素，充分利用有利条件，发挥优势，扬长补短。

（三）高等职业教育管理目标的基本内容

高等职业教育管理目标的基本内容，就是高职院校的教育效益在一定时期内所要达到的标准和规格。高职院校的教育效益，包括社会效益和经济效益，效益的标准和规格是通过高职院校的教育活动反映的，表现在教育消耗以及培养人才的数量和质量上。高等职业教育管理一方面要采用合理、经济的方法和途径，尽量减少对人力、物力、财力的浪费和消耗，提高教育投资的使用效率；另一方面要确保所培养人才的数量和质量，具体而言，管理目标的基本内容包括以下三个方面。

（1）提高学生的政治素质。思想政治工作是高职院校完成一切工作的重要保证，是坚持社会主义办学方向的显著标志。高职院校担负着培养"有理想、有道德、有文化、有纪律"的专门人才的重要任务，为实现培养目标，高职院校必须切实加强和改进思想政治教育，探索和掌握新时期思想政治工作的特点和规律，进行有效的科学管理，把思想政治工作提高到一个新水平。

（2）提高教学质量。提高教学质量是高等职业教育管理的核心。教学质量管理是采用科学的手段和方法，对教学过程进行全面设计、组织实施、检查分析，以保证在教学进行过程中能够达到预期效果。提高教学质量必须从全局着眼，从整体上处理好教学过程中的各种问题；使学生德智体美劳全面发展，成为合格人才；紧紧围绕教学，尤其是实践教学，大力抓好科学研究工作；加强对全体教职员工的培养，提高他们的政治素质和业务能力，通过他们的模范工作和表率作用来教育和影响学生；注意研究和改革教学制度、招生、教学大纲、教材、教学方法、教学过程等各个环节。

（3）提高服务质量。高职院校的教学和后勤保障工作，必须坚持以教学为中心，明确树立为教学服务的思想，充分调动管理人员和保障人员的积极性，贯彻勤俭办校的原则，充分发挥现有设备、仪器、物资、财力的作用，健全服务保障制度，实施科学管理，提高保障能力。

以上三个方面，彼此互相联系、互相制约。对这些目标的内容，应有明确的要求，合理的定量、定时、定性指标和落实考核措施。

（四）高等职业教育管理目标的制定要求

制定管理目标，就是确定使用何种手段达到何种目的。一般而言，管理目标应符合以下五点要求：

一是管理目标应具有关键性。高等职业教育工作千头万绪，管理者应当运用预测和决策技术，在众多复杂的工作中，抓住最重要最关键的工作，制定关键性管理目标。关键性目标应是为开拓今后的工作新成就而设置的战略性目标；应是重点任务，而不应面面俱到；应体现为教学服务，以教学为中心；应是本级决策的事情，而不是下级的事情。

二是管理目标应具有先进性。管理目标是人们为之奋斗的方向，因此，必须具有先进性。先进性就是制定目标的起点要高一些，目标值具有吸引力和感召力，能调动人们的积极性，挖掘潜力，为实现目标而奋斗。目标既不能过低，人们按常规走路就轻易实现；也不能过高，脱离客观实际，可望而不可即。

三是管理目标应具有可行性。可行性，是指所定目标的实现的条件是基本具备的，经过努力，目标是可以如期实现的。制定目标，必须充分考虑到本单位客观条件、群众基础情况，要充分估计可能遇到的困难和制约因素。不可能实现的目标，与其有还不如无。因为这种目标不但不能鼓舞人，而且容易挫伤人的积极性。正确科学的管理目标，应该是先进性和可行性统一的，应该是尽力而为和量力而行的有机结合，目标高度适宜，达到目标的难易适中。

四是管理目标应具有具体性。管理目标，作为管理工作的方向，必须明确具体，不能抽象空洞，模糊不清。在含义上只能有一种理解，不能有多种解释，使执行者有明确的概念；在内容上必须具体，对人们的工作结果有明确的标准和规格要求，了解目标的本质特性和在目标体系中的具体位置。但是，管理目标不同于工作安排，管理目标应该把具体性和概括性统一起来。

五是管理目标应具有时限性。时限性就是达到目标要有明确的时限要求，到了规定的时限，就要及时检查、评估、奖惩。实现目标的时限不能有伸缩，否则，就可能造成"因循坐误"，失去工作意义，从而降低目标的价值。

二、高等职业教育管理目标的实施

高等职业教育管理目标制定以后，就要运用目标进行管理，管理者必须把目标的确定与达到目标所进行的一系列管理职能活动有机结合起来。下面将探讨管理者在运用管理目标的过程中必须抓的四个环节及实现管理目标的两种方式。

（一）运用管理目标必须重视的环节

1. 环节一：客观地衡量目标成效的数量标准

运用目标进行管理的实质，在于把确定目标与实现目标有机地结合起来。在这个过程中，对每个部门、个人的评价，一定要与他们实现目标的实际成效联系起来。因此，必须有一套科学的数量标准。这个标准至少要具备以下三方面内容。

第一，要有明确、具体的目标标准。这个标准是对管理目标内容的衡量尺度。如教案书写质量高的标准；为教学第一线服务好的标准；机关为基层服务好的标准等。

第二，目标标准要定量化、指标化、等级化。目标标准要尽量做到定量化、指标化、等级化，但是，有些工作的质量如何，往往难以量化，还有些目标不能用数量表示。例如，提高学生的思想觉悟，加强精神文明建设等，很难用数量衡量，这就有详细说明，尽量使含义具体化。在评定时，充分发挥集体评定、专家评定和群众评定的作用，力求全面、准确、客观地看问题。

第三，要有具体的衡量考核方法。对目标成效的衡量，要有具体的考核检查方法，克服主观印象或以偏概全的弊病。

2. 环节二：形成整体合一的工作目标

实践证明，高职院校各层次、各部门的目标能否做到整体合一是提高管理成效的关键。各部门、各层次的目标与学校总体目标吻合、一致，目标成效肯定就好；各部门、各层次的目标偏离学校总体目标，目标成效就不好；各部门、各层次的目标与学校总体目标不一致，目标成效就接近于零；各部门、各层次的目标背离学校总体目标，工作将无法进行。

学校各层次、各部门要形成整体合一的目标，除了用整体思想来教育全体人员外,管理者要加强两方面的工作:一方面,在决策总体目标时,要尽量号召有关部门的成员参与。让人参与会提高人的热情,这样制定的整体目标更容易得到共同认可,更有群众基础,而且能有效地确定各层次、各部门的责任,以此作为推动工作,衡量评价成绩、贡献大小的尺度。另一方面,在制定目标时,要明确三项内容:①明确工作内容和工作要求;②明确工作范围和工作时间;③明确目标成效评价标准。这样制定的目标,就能做到整体合一,上下协调,要求明确,责任清楚,全体形成合力,取得良好管理成效。

3. 环节三:科学地排列目标的先后次序

管理者制定目标时,不仅要致力于使各部门的目标与总体目标相一致,而且要在多项目标中选择并规定出主目标和次目标,排列出实施目标的先后次序。一所高职院校有许多部门,每个部门里又有多个层次和多种多样的工作,每项工作有着不同的目标。在这众多的目标中,有些目标在一定时期内实现,相对而言要比实现其他目标更为重要,管理者应进行通盘分析,分清轻重缓急,统筹兼顾、全面安排,找出主、次目标,确定实施次序、步骤、途径和手段。确定管理工作的主目标、次目标及其先后次序,是一种判断性决策。管理者只有在认清总的形势和自己面临的任务,分析透各项目标的地位、价值及其相互间的关系的前提下,才能做出科学正确的选择。

4. 环节四:注重数量统计和数据分析

运用目标进行管理的过程中,必须真实地、适时地做好数据统计和数据分析。通过数据的定量分析,可以客观地指出工作质量上的差异规律,找出问题和原因。这项工作的基本要求有四点。

第一,要充分利用统计数字。统计数字是统计分析的基础,在整个分析过程中要自始至终利用统计数字说话。

第二,要采用科学的分析方法。数量统计分析的目的,是发现问题、揭露矛盾、分析原因、研究规律,这就有一个怎样科学地利用统计数字进行分析的方法问题。用统计数字分析研究的方法很多。例如,对比分析法、分组分析法、联系分析法、结构分析法、动态分析法等。管理者可根据问题的不同性质采用适合的分析方法。

第三,统计分析要与具体情况相结合。统计分析的目的在于解决实际问题。进行数据分析,除了搜集掌握必要的统计数字之外,还需搜集掌握必要的业务活动情况。做到把数字分析与具体情况紧密结合起来,才能真正揭示事物的本质和特征。

第四,要注意可比性。可比性是指用来对比的两个统计指标,是否符合所研究任务的要求,对比的是否合理,对比的结果能否说明问题。首先,对比同名指标的口径范围、计算方法、计量单位必须一致;其次,对比指标的性质必须一致;最后,对比指标的类型必须一致。当然,有些情况下,两个指标虽然不可比,但经过调整和处理后,仍然有可比的意义。

(二)高等职业教育管理目标的实现方式

高等职业教育管理目标的制定,仅仅是管理活动的开始。有了正确的目标,还要努力实现,否则,再好的管理目标,也没有实际意义。实现管理目标的基本方式有两种:一是计划管理,二是目标管理。可根据本单位的具体情况,采用其中的一种方式,或兼用两种方式。

1. 计划管理方式

计划管理是指管理者以制订计划和实现计划为手段达到管理

第三章　高等职业教育管理理论与模式创新

目的的一种管理方式。计划管理的做法大体上分为四步。一是制订计划。制订计划要考虑到三个方面的问题：计划的各项指标要能反映和体现总目标的要求；要预测在实现计划指标的过程中可能出现哪些因素的影响，其中包括内部因素和外部因素、有利因素和不利因素；根据现有条件和未来发展，提出达到目标的具体措施和步骤。二是实施计划，是通过组织、指导、协调和教育激励等活动落实计划。三是检查，检查既是掌握计划落实情况，又是对计划正确性的检验，以便及时发现问题，解决问题。四是总结，总结是对这个计划管理过程进行评估，找出经验教训，制定改进措施，反馈于下一个计划管理过程。

计划管理适用于外部干扰较小，内部抗干扰能力较强，工作程序比较稳定的工作系统。如高职院校的教学工作管理、政治教育工作管理等，多采用计划管理。计划管理可分为两种，一种是开环计划管理；另一种是闭环计划管理。

（1）开环计划管理。开环计划管理的前提是：外部环境和本工作系统未来发展趋势具有完全的确定性。它适用于以下两种情况：第一，认为工作过程中各种干扰影响并不存在；第二，即使干扰存在，本工作系统也可以完全不受干扰的影响。这种管理的有效性取决于前提与实际情况的吻合程度。如高职院校的课程进度、教学保障、作息时间等，一般都是硬性的、具有法定作用的开环计划管理。

（2）闭环计划管理。闭环计划管理的前提是：外部环境与本工作系统发展趋势有一大部分是确定的，但也不排除存在一些未知因素，会使本系统偏离计划的轨线。因此，采用反馈，以计划为依据来检查监督各子系统，发现与计划不吻合的地方，及时采取措施进行调整。如高职院校的年度教学工作计划、物资采购计划等，均属闭环计划。

计划管理虽然具有不可否定的优越性，但也存在着一定的局限性。一方面，计划管理的灵活性较差。计划一旦发布实施，不能轻易改变。另一方面，执行者的自主权较小。计划对工作的内容、程序、标准、规定得很具体，一般情况执行者是不得随意变更的。这样就在一定程度上限制了执行者的主动性和积极性。例如，高职院校工作中，有一些较具体较直接的工作，以及干扰较大、工作程序不太稳定的管理活动，如大的教学改革、较复杂的科研工作、教师队伍的调配等，对未来可能会遇到的干扰因素很难完全预料，有时因形势变化还要对目标做出改变，这样一来，就要打乱原先的计划，并重新制订计划。这个过程就会给工作带来不必要的损失。

2. 目标管理方式

目标管理是管理者以确定目标和实现目标为手段，达到管理目的的一种管理方式。它以制定目标作为管理工作的起点；然后再建立整体合一的目标体系；在实现目标的过程中，以目标为准绳，协调各层次各部门的关系；最后以目标来评估结果。它是一种民主的、科学的管理方法，特别适用于对管理人员的管理，被称为"管理中的管理"。

目标管理一般分四个步骤：一是制定总的目标；二是分解目标，根据已确定的高职院校总目标，层层分解，落实到各个部门和每个成员，形成目标体系；三是实现目标，放手让各个组织和成员发挥自己的才智，主动达到目标，上级虽检查指导下级的工作，但不干涉下级的具体活动；四是结果评估，对达到的结果进行分析、评议。

目标管理强调工作的目的性，管理的自我性，个人的创造性。它的最大特征是上级管"工作内容"，下级管"工作方式"。在实现目标过程中，上级不干涉下级的具体措施和方法，放手让下

第三章 高等职业教育管理理论与模式创新

级处理工作中出现的问题，进行自我控制。它可以最大限度地调动人们的积极性和创造性，为实现目标各显其能，各尽其责。

目标管理适用于环境干扰较大，工作程序稳定性较差的工作系统。如高职院校的教学改革、科学研究、教员队伍培养等工作都可采用目标管理。

目标管理也有一定的局限性，主要表现在：一是目标的实现受个人素质水平的影响比较大；二是当局部与全局发生矛盾时，容易出现偏重局部目标实现的现象；三是容易追求数量化的标准，忽视目标质量的要求。

目标管理和计划管理各有利弊，各有自己的适用条件。管理者在选择管理方式时，一定要考虑到本单位的实际情况，注重针对性、有效性，实事求是地进行选择。

第二节 高等职业教育管理的主要内容

高等职业教育是一个大系统，工作复杂具体，机构门类齐全，其管理的内容也极为复杂，包括教育思想、教育要素、教育事务、教育设备、教育环境、教育质量等的管理，下面将对这些内容作具体阐述。

（1）教育思想。端正教职工的思想方向是教育思想管理的重要职责。目前，应当对全面提高教学质量，全面贯彻党的教育方针，管理、服务和教书育人思想进行树立，此外，还要对社会主义现代化建设思想、改革开放等思想进行树立。

（2）教育要素。教育这一事物的内部构成并不是单一要素，其中包括教材、学生、教师和教学设备等诸多要素。个体的优化是所有过程和事物整体优化的前提。所以教育要素管理必须要对各个要素,即教材、学生、教师和教学设备的质量进行提升。构成要素质量的高低能够决定教育工作的成败,可以看出,这项管理活动十分重要。此外,还要整体优化教育的各个要素。整体的优化需要人为地干预来实现。

(3)教育事务。高等职业教育事务管理的管理范畴比较常规,对现代化、标准化和规范化方面有要求。教务处工作的强化是做好这项管理工作的基础。教务处能够对整个教学工作和行政工作进行评价、视导、调度、研究、参谋、指导、服务,是一个职能部门,所以,对于教学行政管理工作而言,教务处工作的加强有十分重要的意义。

(4)教育设备。教育设备包括电子计算机房、图书馆和实验室等。这些现代和传统教育设施的整合体,大大提升了教学中的教学效果。每一个设施都能够进行独立教育教学。实验室能够为学生提供实验研究的场合,让学生结合学用,动手动脑;图书馆作为重要信息库,是学校的中心;以电子计算机为核心的电话教育,能够将传统教学的面貌改变;语言教室属于第一代文科实验室。这些设施的整合体便是现代化教学。现代化和标准化是教育设备管理的需求。通过建设、应用和管理这些设备,使之作为一项重要手段推动传统教学的改革。

(5)教育环境。在高等职业教育管理中,教育环境是一个基本因素和重要课题。高等职业教育活动的进行存在于一定的教育环境中。教育环境会影响教和学,并对教育活动的发展方向起引导作用。虽然这种影响有时比较隐蔽,但其重要性不可忽略。学校物质条件在现代的条件下获得了巨大改善,这得益于科学技术和社会生产力的发展,在这样的社会背景下,教育环境也因社会信息量的膨胀而变得复杂,教育管理的重要性日益显现出来。所以,现代高等职业教育管理必须要认真地考虑如何对高等职业教育中

第三章 高等职业教育管理理论与模式创新

教育环境的作用加以正确认识，如何对教育环境进行创造。

（6）教育质量。高等职业教育的管理是以高等职业教育质量的提高为出发点和归宿的。教育质量的提升是我们在高等职业教育管理中所有工作的最终目的。对于教育而言，质量就是生命，进行质量管理势在必行。教育质量管理就是在实施教学管理时，以抓质量为主要手段的管理。具体而言，质量管理包括质量的检查、确定、控制、评估和分析等内容，其中确定质量标准是一项难点。很难完全用数字来表现教育的质量，这是其综合性和模糊性的特点所决定的。

所以，确定研究质量标准是教育质量管理实施的第一步；控制教育质量是第二步；评估教育质量是第三步。如果管理教育质量的起点是质量标准的确立，那么使教育质量标准的实施得到保证就是质量控制的目的，质量评价是整体检验教育工作成果和过程质量的工具，能够对质量控制成效进行衡量。三者都能够对教育质量的提升进行直接促进。

第三节 高等职业教育管理应遵循的原则

高等职业教育管理的客观规律的体现形式就是高等职业教育的管理原则，同时，这也是我们进行高等职业教育管理相关工作的准则。它的确定以我国的国情、管理体制为依据，以国家对高等职业教育进行发展的相关方针、政策以及法律法规为准绳，经过长期的管理工作实践沉淀和积累，并结合自身的发展规律综合而成的。对于高等职业教育的管理原则，我们要正确认识和看待，同时还要自觉遵守，只有这样才能使我们的管理能力得到提高、管理效果得到提升，使高等职业教育可以更好地发展，从而在社会主义建设过程中更好地发挥作用。

一、贯彻可变性原则

在高等职业教育的管理中，我们看待问题时不能一成不变，要用发展和辩证的眼光来看待和处理事物，这就是可变性原则。通常，我们把管理工作分成两种：常规管理和动态管理。不管是进行哪种管理工作，我们都需要针对事物的过去、现在和未来进行详细分析，及时有效地对其进行控制和协调，使管理效应得到加强。

对可变性原则进行贯彻，就要对事物纵横两方面的联系都给予高度重视，对事物的状态和时间之间的关系进行深入揭示。对于高职院校而言，其中心应当聚焦于教学，因此在教学计划的制订方面必须要有一定的指令性。在制订教学计划时，我们需要研究的问题主要有两个：其一，计划中包含的各个部分之间的关系、目前的发展情况以及未来可能发生的变化。例如，培养目标、教学实施的管理控制、教学的运行调度、教学质量管理的规定等，它们过去的情况、当下的发展变化情况，以及互相之间的关系和关联因素，这些内容我们都要进行掌握。其二，对和教学计划之间具有一定关联的各种因素的情况进行了解，对计划的正常进行产生影响的各种情况进行可变性预测，并制订出相关的应对方案和措施。只有这样，教学计划才能符合实际需求，同时又具有一定的应变性和弹性调整空间，在具体实施方面也会更加顺畅，大家也能够欣然接受。

对可变性原则进行贯彻实施，一定要以事物的发展规律为依据，循序渐进，不能一步上几个台阶。凡事都不能太过心急，很多环节是不能够省略的，当然，我们也不能一直停留在某一个阶

第三章 高等职业教育管理理论与模式创新 <<<

段而毫无进步。

二、贯彻科学性原则

在对高等职业教育进行管理时,我们一定要坚持一切从实际出发、实事求是。在办事时,要以高等职业教育的相关规律以及管理规律为依据,确保各项工作的进行都符合其发展规律,使管理达到最佳水平,这就是我们所说的科学性原则。要对科学性原则进行贯彻,有以下三点是必须要做到的。

第一,对于管理人员而言,科学素质是必须具备的。管理人员对于管理工作一定要有清醒的认识,管理实际上是一门科学,要想真正将管理工作做好,必须要具备一定的科学素质。对于管理人员而言,这些科学知识都是必须要具备的:①对教育科学相关理论要进行学习和掌握,对于高等职业教育的规律以及学校管理工作的相关规律要进行充分了解,只有这样才能使我们的自觉性得到提升,在进行管理时能够依照规律来办事,而不是盲目工作,进而对工作效率进行进一步提升;②对于与高等职业教育有关的管理科学理论要进行学习,要掌握科学管理的手段和方法,当下这个时代,科学技术的发展十分迅猛,进行管理的手段和方法也变得更加现代、科学,对这些手段和方法进行学习并熟练掌握,可以帮助我们更好地进行管理。

第二,在管理制度方面,要建立起严格的、科学的制度。对于科学的管理系统要进行建立健全,如坚强有力的思想政治工作管理系统、科学高效的教学管理系统等,要把这些系统结合起来进行工作,对管理工作的效率进行提升。应建立健全科学的工作秩序,以提高工作效率,如让组织结构更合理、工作秩序更规范、职责分工更清晰、质量要求标准更高、常规事务处理制度性增强、信息反馈更灵敏等,这些都可以确保各项工作能够顺利高效地完成,进而使整体效率得到提升。

第三,对教职工责任制度进行建立健全。对相关教职员工的职责范围进行规范划定,专人专项,做到每件事都能对应到人,每个人都明确自己的职责,充分发挥个人的聪明才智,以取得更加优异的成绩。要想教职工责任制度能够顺利实行,我们需要做到:①职责分明;②合理分工;③公平奖惩;④公正考评。

三、贯彻教育性原则

教育性原则,是指高等职业教育管理工作不仅要通过管理完成一般的工作任务,而且要十分注意高职院校各项工作对学生的教育作用。高职院校是培养人、教育人的场所,青年学生可塑性大、模仿性强,学校里的各种因素,如全体人员、全体工作及环境、校园风貌等,无时无刻不在影响着学生。所以高职院校的全体人员和全部工作都应当始终注意贯彻教育性原则。

第一,高职院校的全体教职工都应十分注意自己思想行为的示范性。院长应是教职工的楷模,是学生学习的榜样,学校的其他领导干部和教职工都应当有高尚的道德品质和崇高的精神境界,应当作风正派、待人诚恳、举止端庄、文明大方、衣冠整洁、谈吐文明、学风严谨、教书育人。总之,应当在各个方面都堪称学生的表率。

第二,要求各项工作典范化。高职院校全体人员都应十分注意各项工作对学生的示范作用。各项工作都应严肃认真,一丝不苟;各种文件都应严谨准确;执行各种制度必须十分严格,不徇私情;理财用物,注意勤俭节约,不铺张浪费。总之,各项工作都应力求影响学生,使之形成高尚的道德情操、严谨的学风和艰苦朴素的作风。

第三，要求学校设施规范化。一所学校校舍整洁，环境优美，可以使人心旷神怡，精神愉快，对于优化教育教学环境，净化学生心灵，陶冶师生员工的思想情操，振奋精神，丰富生活情趣，都有重要的意义。优美舒适的环境，有助于学生养成讲究卫生、爱护公物、遵守纪律等文明习惯。

四、贯彻高效性原则

贯彻执行高效性原则，对管理人员提出了很高的要求。管理人员需要对正确的办学目标和办学方向进行明确和坚持，只有在保持目标和方向正确的基础上，才能提升工作效率。而在此基础上，管理人员还需要科学合理地进行每一项决策，在对应的实施过程中要恰当地进行指挥。

要想对高效性原则进行贯彻落实，管理人员需要对高等职业教育的管理资源进行合理恰当的利用。在进行智力开发以及对人才进行培养时，高等职业教育需要借助一些资源，这些资源既包括有形的资源，如人力资源、物力资源、财力资源等，也包括一些动态的资源，如对管理办法进行改革创新、对工作组织架构进行调整完善、对时间和信息资源进行高效利用等。动态资源是潜在的资源，是无形的，我们要把有形资源和动态资源有机结合到一起，合理进行利用，只有这样才能使高等职业教育在办学效益方面得到更大的提升和发展。

第四节 高等职业教育管理的规律与方法

一、高等职业教育管理的规律分析

高等职业教育管理工作是有规律可循的，只有遵循规律，按规律办事，才能提高管理水平，提高育人质量。为此，管理者就需要认真学习、研究管理规律。对于高等职业教育管理的规律，可谓众说纷纭，我们参考有关的高等教育管理理论，联系高等职业教育实际，总结出以下规律。

（一）与社会政治经济的发展相适应并促进经济发展的规律

高等职业教育是培养技术应用型人才的教育，更应该适应社会政治、经济的发展。高等职业教育管理是从管理的角度研究高等职业教育现象的，所以高等职业教育管理工作必须与社会的进步、经济的发展相适应。高等职业教育管理工作与社会经济相适应体现在以下四点。

第一，高等职业教育发展的规模和速度必须与社会的发展、经济的增长相适应。发展高等职业教育需要一定的人力、物力、财力。办多少学校，设多少专业，招收多少学生，学习多长时间，必须与当地生产力发展水平所能提供的物质条件相适应。

第二，高等职业教育培养人才的规格和数量必须与经济的增长相适应。高职院校是培养人才的阵地，培养什么样的人，培养多少人,必然受到经济的制约。高等职业教育具有明显的地方特点,应根据当地的生产力发展水平,社会主义建设的地方特色和客观情况,以及未来发展的趋向,科学地进行人才需要预测,然后做出合理安排,切实做到管理为政治、经济服务。

第三,管理必须为改革开放服务。高等职业教育管理要为政治、经济服务,就必须把改革开放作为中心任务抓紧、抓好。要改革高职院校内部管理体制,改革教育思想,改革教学内容、教学方法,做到多出人才,出好人才,把受教育者培养成为具有创造才能的,能适应社会主义建设需要的合格人才。

第四,高等职业教育管理要为政治、经济服务,就必须进一步端正办学思想,坚持社会主义方向。坚持办学的社会主义方向,就是要坚持党的基本路线,贯彻执行党的教育方针,以习近平新时代中国特色社会主义思想为指导,教育与武装全体教职工和学生,把学生培养成为社会主义事业合格的接班人,推动社会主义国家的政治、经济和文化的发展。

(二)促进学生全面发展的规律

培养学生全面发展,是党和国家对教育工作的基本要求,也可作为高等职业教育管理的基本规律之一。高职院校学生的全面发展包括德、智、体的发展和综合职业能力的提高。在高等职业教育管理工作中可以采取以下措施促进学生全面发展。

首先,管理者必须牢固树立德育、智育、体育、美育、劳育全面发展的观点,正确处理"五育"的辩证关系。"五育"之间的关系,是相互联系、相互渗透、相互促进、相互制约的辩证关系,概括地说,德育是灵魂,是统帅,是方向。德育的任务是培养学生具有坚定正确的政治方向,全心全意地为社会主义建设服务。

智育是中心,是关键。因为无论是德育还是体育,没有文化科学知识做基础是不可能顺利进行的。所以,高职院校的管理者,必须注意全面贯彻党的教育方针,坚持德、智、体、美、劳全面发展,关心学生健康,重视学生体育锻炼,养成学生良好的卫生习惯,保持和发展学生健康的体魄。

其次,管理者应教育全校教职工树立全面育人的观点,在统一认识基础上,协调一致,分工合作,促进学生全面发展。学校对于受教育者而言,是一个整体,其任务就是培养全面发展的人才。所以,学校的各个部门、各项工作,都必须立足于全面培养学生,保证培养出适应社会需要的合格人才。

最后,管理者应教育全校教职工培养学生的综合职业能力。高等职业教育要培养同我国社会主义现代化要求相适应的,具有综合职业能力和全面素质的,直接从事生产、服务、技术和管理第一线的应用型、技术型人才。因此,高等职业教育的管理者要着眼于未来,教育全校教职工千方百计地培养志向高远、素质良好、基础扎实、技能熟练、特长明显、个性优化的学生,并使他们具有远大的职业理想、深厚的职业情感、高尚的职业道德、扎实的职业知识、熟练的职业技能、较强的职业能力、自觉的职业纪律、良好的职业习惯,以及忠于职守的敬业意识、开拓进取的创业精神。

(三)坚持以教学为中心的规律

我国高职(高专)教育规模每年都在蓬勃发展。这样的趋势,对实现我国高等教育大众化起到了积极的作用。对高职(高专)院校而言,高等职业教育的生命线是特色加质量。高职院校的工作中心是教学工作,只有教学有为才能使高职教育有位。要以转变教育观念为先导,树立正确的人生观、质量观和教学观,培养

第三章　高等职业教育管理理论与模式创新 <<<

生产、建设、管理、服务第一线工作的技术应用型人才。高等职业教育管理工作坚持以教学为中心的规律,应该做到以下五点。

第一,高职院校主要管理人员,以主要精力和大部分时间抓教学工作,建立与维护学校正常的教学秩序,深入教学第一线,了解教学实际,参加教学活动,指导教学工作。

第二,在人员的配备和选拔上,先满足教学人员的需要,应选择配备合格的教师。

第三,在物质条件上,支持教学,保证教学工作的需要。

第四,要求教师严格执行教学计划、教学大纲,认真钻研教科书,努力搞好教学工作。主管教学的领导和处长要认真进行教学评估和检查,不断提高教学质量。

第五,教育和组织学校各部门、各方面的人员,树立以教学为中心的思想,强化以教学为中心的观念,自觉、主动地为教学服务,使全校各项工作紧密围绕教学这个中心来开展。

(四)依靠教师的规律

在培养人的教育和教学活动中,教师应起主导作用。教师是学校的主力军,是办学的主要依靠对象。办学之所以必须依靠教师,这是由教师的职责和作用所决定的。在高等职业教育管理工作中体现依靠教师,应当做到以下三点。

(1)要尊重教师,对教师合理安排使用。在学校里,尊重知识、尊重人才,首先应当充分尊重教师,合理安排使用教师,做到量才使用,用其所长。高职院校的各科教师,经过党的多年培养与教育,蕴藏着极高的政治热情和工作积极性,学校领导充分尊重他们,知人善任,合理安排他们的工作,就能最大限度地调动他们的积极性。

（2）对教师充分信任、真心依靠。①政治上的信任。要认真贯彻党的知识分子政策，关心教师政治上的进步。②高职院校管理者应从行动上把教师作为学校的主力军，工作上依靠他们。凡属学校教育、教学工作中的重大事情，都应虚心听取教师意见，然后再作决定。对教师提出的好意见和建议，领导采纳后，应给予适当的表彰。③管理者应以平等的态度与教师交心、谈心。只有充分信任教师，真正依靠教师办学，才能使教师更好地把他们的知识和才华贡献给社会主义教育事业。

（3）关心教师，满足教师合理的需要。管理者应认真了解研究教师的需要，在政策允许的情况下，应当主动、积极地满足教师的合理需要，充分调动教师的积极性。①满足工作上的需要，要根据教师特长，合理安排工作，提供必要的工作条件，允许教师工作上有一定的自主权。②满足生活上的需要，如住房、夫妻两地分居，小孩入托、入学等。这些解决不好，也容易影响他们工作的积极性。③满足业务进修提高的需要，教师上进心强，愿意业务上不断提高，这对教师个人和学校工作都是非常有益的。管理者应根据教师的不同情况和学校工作实际，努力创造条件，满足他们的合理需要。④满足文化生活上的需要。教师的劳动是艰苦的脑力劳动，他们整天忙于备课、上课、批改作业、指导实习、找学生个别谈话等。不能把教师的生活搞得那么单调乏味，应建立教师俱乐部，开展丰富多彩的文化体育活动，使他们的生活得到调剂，精神饱满，朝气蓬勃地投入到艰苦的育人活动中去。对教师的政治上和组织上的进步要求，学校党组织需要积极引导，多加关心。

第三章 高等职业教育管理理论与模式创新

（五）有序运动的规律

高等职业教育各项管理工作的具体任务、目标、进程等各不相同，管理过程的具体内容也有差别。例如，教学管理过程，要对教学工作进行计划、组织等，而思想政治工作的管理过程，要对思想政治工作进行计划、组织等。但是，各项工作的管理过程，除了其具体内容的差别外，都有其共同的特点，都有计划、实施、检查、评价、总结五个基本环节，都是按计划—实施—检查—评价—总结的先后顺序连续运动的。实践表明，有了计划就必须实施，有实施就要进行检查，检查了就要进行评价，最后要有总结。这种先后顺序，不是人们主观随意的安排，而是管理工作客观规律的反映，是一种前后相关联的基本环节的有机组合。它要求人们在进行管理活动时，一定要按照上述五个环节的顺序实施工作，不能破坏或颠倒。换言之，高等职业教育的管理过程，是一个有前后顺序、相互关联的五个基本环节构成的有程序的运动过程。

高等职业教育管理的每一个过程，都是由计划开始，经过实施、检查、评价，到总结为止，为一个管理活动周期。年复一年，一期又一期，延续不断，管理工作也按五个环节的顺序周而复始地不断循环。但是，这种循环并不是机械地重复，不是维持在原有水平上的转动。因为每一循环都是在前一循环的基础上进行的，每一循环不仅在时间和空间上有秩序，而且在质量上不断由低级结构向较高级结构转变，提高了起点，向前不断推进。管理过程的每一次循环，就使管理工作提高到一个新的高度，这就是滚动式发展，也是有序运动的规律。高等职业教育管理工作就是在这个循环运转中，围绕教育目标，周而复始，不断提高，不断前进的。

(六)控制性活动的规律

高等职业教育管理过程是一种有目的、有程序的运动过程。它的目的，就是实现管理目标和教育目标；它的基本程序，就是按照计划—实施—检查—评价—总结先后顺序进行的。这种有目的、有程序的运动过程，表现出高等职业教育系统的状态要求有一定的行进轨道。但是，在实际管理活动当中，由于受到周围环境和校内外主观和客观因素的影响，一成不变的，按照既有模式进行运动，直达目标的情况是不多的，往往会遇到一些可变因素的影响，而不断出现偏离目标的情况，或者出现没有预料到的问题和困难、矛盾和冲突。因此，在管理过程中，管理者必须不断地进行有效的控制，随时调整本系统的活动，及时纠正出现的偏差，保持在高等职业教育系统所要求的状态下，把管理活动引导到朝目标运行的正确轨道上来。实践证明，这种控制性活动贯穿于高等职业教育系统的全部活动之中。这就表明，高等职业教育管理过程实质上是一种不断的控制过程，是使各项工作和各项活动按一定程序进行所采取的有效控制活动。在管理过程中，要不断地进行有效的控制，就必须及时、准确、不断地获取每一个环节对前一个环节反馈的信息，发现偏离目标的现象，迅速采取措施，及时纠正，以促进和推动管理活动按管理的基本程序向前发展。

二、高等职业教育管理的常用方法

高等职业教育管理方法是用以实现高等职业教育管理目标，开展管理活动的具体手段和措施。管理方法是否得当，直接影响着管理效果。高等职业教育要实行现代化科学管理，若不解决管理方法科学性的问题，即使有正确的管理目标，有良好健全的管理过程，有现代化的管理手段，也不容易搞好管理工作。

第三章　高等职业教育管理理论与模式创新

（一）调查研究法

调查研究法是高等职业教育管理者的一种基本功，是管理者必须具备的一种管理能力。管理者要提高管理效率，就必须对所管理的对象有透彻的了解，就必须对它的现状和历史，对各类人员的基本素质、能力和要求，对工作中有利和不利因素等有全面的了解。而这一切信息的掌握，只能靠深入、周密地调查研究。这就要求管理者必须懂得调查研究的理论，掌握调查研究的方法。同时，调查研究对密切群众关系、开阔视野、解放思想也有其重要意义。

常用的调查研究方法有直接观察法、报告法、个别访问法、开会调查法、填表调查法、通信调查法等。

（1）直接观察法：是调查人员深入现场，亲自观察、测量、计数以取得资料的方法。这样取得的资料，具有较高的真实性和准确性。但是这种方法需要人力、物力、时间较多，而且有些资料是用直接观察法无法取得的。

（2）报告法：利用现行的统计报表获取需要的数据资料，同时也可利用被调查单位的原始记录等资料。

（3）个别访问法：是调查人员向被调查者逐一询问、记述以取得资料的方法。它的优点是调查人员对调查项目有统一理解，能按统一的口径询问和取得资料。但需要花费较多的人力和时间。

（4）开会调查法：为了研究某种问题，由调查人员有计划地邀请一些熟悉调查问题的人进行座谈讨论，以搜集所需要的资料。由于这种方法可以开展讨论，因而有可能把问题了解得更深一些，同时还可能找到解决问题的办法。这种方法，要求调查人员具有较高的水平，会前要做好充分准备。

（5）填表调查法：这种调查方法是调查人员将调查表送交被调查人，说明填表的要求和方法，由被调查者根据实际情况，按照表中栏目自己填写,然后由调查人员统一审核处理。这种方法可以节省人力和时间。但是,这种方法要求被调查者具有较高的文化素养和积极配合的态度,否则难以保证调查资料的准确性。例如,搞民意测验、对科技成果评审等,常用此法。

(6)通信调查法:这种方法也是一种填表调查,但与上述填表调查法的不同之处是这种方法的调查对象可能分散在各个地方,调查者和被调查者采取通信方式进行联系。这种调查方式能不受地区的限制,更为广泛地收集资料。

(二)经济管理法

经济管理法是指根据经济规律通过工资、福利、奖金、奖品等经济手段进行管理的方法。是从物质利益上激励和调节教职工的行为。在市场经济条件下运用适当的经济手段是必要的,但必须注意运用恰当,否则会起副作用。

第一,经济管理法必须与思想教育法、精神鼓励相结合。运用经济管理法的同时要注意讲奉献,讲敬业精神;物质鼓励和精神鼓励相结合,要以精神鼓励为主,这样才能提高政治觉悟和高尚的精神境界。

第二,经济管理法必须与行政管理法相结合。

第三,运用经济手段必须掌握"度",发钱和物品不是越多越好,而是要适度。目的是激发大家的竞争意识和提交工作的主动性、积极性。

(三)教育激励法

教育激励法是教育方法和激励方法的有机结合,是调动高职院校全体人员为实现管理目标而努力工作的自觉性和积极性的重要手段。运用教育激励法应做到以下三点。

第一,一定要有求实精神。社会存在决定社会意识。运用教育激励法,教育是前提,不进行教育,不解决思想认识问题,激励就失去方向,不能起到应有作用;运用教育激励法,研究了解人们的需要和现实生活中的矛盾是基础,如果不把解决实际困难和矛盾放在重要位置,教育就成了空洞的说教,收不到预期效果。

第二,要掌握好"质"和"量"的问题。教育激励法,采用了心理学、社会学、行为科学的许多理论,科学地运用这种方法,就要注意"质"和"量"两个方面。"质",就是要掌握准确、公道的原则。对问题要了解清楚,性质要抓准,采用的方法要"对症",教育才有准确性,也才能公道,以理服人。"量",就是激励要掌握一个度。

第三,要讲究艺术性。艺术性主要表现在教育激励的时间掌握、形式变换、环境选择上。在时间掌握上,既不能对思想问题的解决急于求成,操之过急,也不能拖拉疲沓,把一项教育活动拖的时间过长。还要注意把教育和激励紧密结合起来,防止脱节。在形式变换上,要讲究形式多样,交叉变换使用,有形和无形的工作要互相结合,寓教育于闲谈、娱乐之中,切忌形式单一死板。

(四)学术研究法

学术研究法是指在高等职业教育管理中通过运用科学研究,开展学术活动来管理的方法。该方法表优点是,可以促进高职院校形成浓厚的学术空气;增加学校科学研究的凝聚力;提高教师的科研能力,以科研促教学,改进教育、教学方法,提高教育质量。运用学术研究法应做到以下五点。

第一,高职院校的管理者重视学术活动,带头进行科学研究,在师生中起示范作用。

第二,在教师和技术人员中广泛宣传,讲明开展科学研究的重要性和必要性,引导大家明确目的意义,积极自觉地参加科学研究。

第三,组织科研骨干队伍,老教师对年轻教师进行传、帮、带,骨干教师要带领一般教师和技术人员,建设一支老、中、青结合的科研队伍,以提高科研水平,为学校增加经济效益和社会效益,提高学校的知名度。

第四,有计划地定期组织各类学术活动,开展科研成果交流活动,对科研工作成绩突出者和优秀者要给予物质和精神奖励,提高大家开展科研活动的积极性。

第五,加强领导和指导。首先,应抓好科研过程的管理,一个比较完整的科研过程一般包括:选题、调查、制订计划、搜集资料、整理资料、分析研究、检查结果、撰写报告或论文、成果鉴定等方面的工作。管理者要认真做好每一方面的管理工作,以保证科学研究任务的完成。其次,要求科研人员认真学习有关科研理论,熟练掌握科研方法,如调查法、实验法、总结法、个案法等,以提高科研人员的科研能力。再次,科学合理的预算经费开支。然后,科研负责人要明确各自的职责,科研人员要有明确分工,每个人应透彻了解自己的工作任务,尽职尽责地做好自己分管的工作,同时还要搞好协作。最后,高职院校分管科研工作的领导应自始至终加强宏观指导,善于协调各方和各类人员的工作。

第五节　高等职业教育管理的模式创新

高职院校是我国培养技术性人才的专业院校。近几年,随着

第三章 高等职业教育管理理论与模式创新 <<<

市场经济的发展，社会对职业技术人才的需求量日益增大，高职院校迎来了前所未有的发展机遇。但是，高职院校办学时间短，教育管理模式基本上沿袭普通高等院校，这种模式并不适合培养生产第一线的技能型人才，很难适应新形势下高职教育发展的需求，教育管理模式的创新改革已经成为不可忽视的问题。

管理活动必须在一定的管理结构下进行，管理模式的创新首先是管理结构的创新，承担着对全部教育教学活动进行指导的职责。传统高校的教育管理模式是自上而下的集权式管理结构，这种结构已经不能适应现代教育管理的需求，高职院校与普通高等院校不同的一个重要方面就在于高职院校要实现全面的产学结合，在专业设置方面要满足市场需求，与之相协调，将培养目标与用人标准结合起来，专业化建设是关键。因此，在教育管理模式上，势必向扁平化、多维式的管理机构转变，与之相适应的，决策层和执行层的管理结构也需发生变化。

一、扁平式管理组织结构

我国计划经济体制下，教育管理是金字塔式的多层次集权管理，权力集中在少数人手中，具有横向联系缺乏、应对变化不及时的缺点。这并不符合现代职业教育管理要求信息畅通、应变速度迅捷以及能够灵活调整组织机构的需求。扁平式组织机构具有中间层次少、信息反馈快、注重横向联系、易于协调统一、组织结构可及时调整等特色。

扁平式组织结构的优点有：第一，改变行政化管理为主的传统模式，有利于高职院校实现民主化、专业化管理，体现校企合作的专职化特色；第二，通过院系管理自主权的增加，有利于院系功能的发挥和产学结合教研工作的开展；第三，管理机构设置更加合理，优化行政组织结构，实现整个管理系统的科学化和高效化。

二、决策层管理组织结构

院校管理阶层的决策能力对院校的发展有着引领的作用，包括战略决策、资源整合、干部选用、创新能力以及协调沟通等多个方面，因此决策层管理组织的建设在职业院校管理组织结构建设中非常重要。

三、执行层管理组织结构

一方面，可实行二级管理模式，各职能部门及院系分权管理，学校决策层只负责宏观决策，提高了学校管理的科学性和效率。院系作为二级管理组织中的执行层次，起着与领导及师生沟通、政策执行和管理的作用，同时还负责具体的教学事务，如课程设置、教学计划、实习实训基地的选择等。

另一方面，对各部门和岗位进行设计和定位可采取经营管理模式。现在高校的机构设置基本上遵循行政管理模式，由行政和教学两大部门构成，以行政管理为主的院校管理并不承担教学质量管理责任，不利于教学目标的实现。以经营管理模式进行部门和岗位的设计和定位则不同，它是根据产品实现的过程对部门进行设置，分为教学规划和执行、就业指导、人力资源等，各个职能部门在职业教育过程中分别承担着不同的责任。

第四章 高等职业教育的信息化发展

第一节 信息化是高等职业教育发展的必然趋势

当前，人类社会步入了 21 世纪，以计算机、多媒体、通信网络等技术为标志的信息技术在世界范围内的迅猛发展，特别是互联网技术的广泛应用，正在有力地推动着全球经济社会的深层变革，改变着人们的生存、生活、学习和发展方式。经济社会的信息化对人才培养提出了全新的挑战，又为实现教育的跨越式发展提供了前所未有的崭新空间，教育信息化正在成为当今世界各个国家和地区经济社会信息化的最重要领域之一。

一、教育信息化与学习方式概述

（一）教育信息化的特征表现

（1）民主化。现代教育遵循的是全民教育的方针，受教育者更加广泛且平等。全民教育主要体现在两个方面：一是民主化，对于全民而言，教育机会都是均等的；二是普及化，教育的普及程度决定了民主化是否能够顺利实现，义务教育制度的普及能够促进教育民主化的发展。

（2）终身化。终身化的教育需要从制度和理念两方面把控，制度和思想的确立能够促进教育终身化向前推进。教育的终身化以终身教育的形式首次提出，随着人们对教育和学习认知的加强，逐步转化为终身学习的概念。这与教育为人们提供的客观条件分不开，教育技术的发展使人们能够更加便利的进行学习，这是终身学习得以实现的有利条件。终身学习逐渐成为现代社会普遍认可的教育观，其本质就是教育观念的扩展。

（3）多样化。学习机会的多样化与教育现代化分不开，现代教育技术的发展，包括多媒体、网络等的加入，使得学习方式向着多元化的方向发展，能够满足不同人群的需求，人们对教育也有了更多的选择。

（4）个性化。个性化教育成为目前教育改革的主流，是以学生为教育主体，合理化学生在教育中的角色，对学生的潜能进行挖掘，促进其发挥主观能动性，对创造性人才的需求是个性化教育的重要推动力。

（5）国际化。全球化大趋势下，国际交流与合作成为全球共识，对国际化人才的需求也逐渐增长。因此培养国际化人才是未来教育的发展方向，与传统的封闭培养教育模式相比，信息时代对于人才的培养更为多元、开放。教育要与时俱进，全球化对教育产生的影响不可估量，在国际交流日趋加强的情况下，教育也在文化、社会、科技等方面参与世界交流，并不断进步。教育国际化的推进离不开现代教育技术的支持，教育技术的不断发展使得跨国教育交流、在线沟通联动等更为便利，教育模式也随之发生改变。教育国际化是全球化进程中的必然趋势。

（二）教育信息化学习方式的特性

随着网络信息技术在人类社会的普及，人们的学习观念发生巨大变化。现代学习方式主要以自主、合作、探究为主要特征，并逐步成为学习方式的主流。以学习方式多元性、多层次结构开放系统，培养人的主体性和创新性，推动人的终身学习、可持续发展。通常情况下，现代教育信息化学习方式主要包括以下六种特性。

1. 主动性

现代教育信息化学习方式主要培养人的自觉主动性，不同于传统学习方式中知识的被动接受，现代教育信息式学习让学生在学习过程中激起学习兴趣、承担学习责任。学生的学习兴趣主要分为直接兴趣、间接兴趣。直接兴趣针对学生的学习过程，能够直接提高学生学习效率，而间接兴趣针对学生的学习结果。学习兴趣是推动学生求知的内在力量，促使学生专心持续地钻研某种学习活动，学生也能够从中获得心理上的愉悦、享受，提高学习质量。学生的学习责任是学习过程的重要品质。若学生能够将自己的学习、生活、成长联系起来考虑问题，拥有强烈的学习责任，便能够真正贯彻主动学习理念，使学生在学习活动中主动承担起自身应该担负的责任，实现有意义的学习。

2. 独立性

与传统学习方式中产生的依赖特点不同，现代教育信息化学习方式具有独立性。拥有学习独立性能够帮助学生增强判断能力和责任心，提高独立学习能力。每个学生都有独立的思想，现代教育信息化学习方式促使他们在学习过程中希望自己可以体现出独立学习能力，满足自己独立性的学习要求。若在教学过程中只关注学生的知识接受程度，忽视甚至否认学生的独立学习能力，只会造成学生不善思考，独立性的丧失。

在教学活动中，教师需要对学生的独立性给予充分关注和培养，通过各种学习场景、教学方式的运用，鼓励学生独立思考、学习，充分发挥自身独立性，提高学生独立学习的能力。学习过程是动态发展的过程，教师应该与时俱进，注重培养学生独立思考、独立学习的学习方式，逐步实现从教到学、从学习的依赖性到学习的独立性转变。在实际教学过程中，教师发挥的作用应呈现越来越小的趋势，从传统的传道授业解惑逐步转化为培养学生的综合素质能力，使学生在学习过程中实现完全独立。

3. 独特性

每个学生都是独一无二的，由于自身内在性格特征的不同和外部环境的影响，他们拥有不同的内在感受、精神世界、内心世界，并且拥有独特的思维方式、观察角度，促使他们在学习行为上有自己的个性，形成独特的学习方式。

每个学生都有独特的性格特点、个性化的学习方式、特有的行为习惯。在教学过程中，教师应为学生提供个性化的学习场景、发展空间，维护每个学生的独特性。学生的学习独特性主要表现在学习的认知基础、情感准备、学习能力差异方面，面对相同的学习内容，不同的学生存在个体差异，具有不同的接受程度，从而在学习过程中造成所用的学习时间、拥有的学习效率、需要的教学帮助产生差异化。现代教育信息化学习方式尊重每一个学生的独特性，并将其作为教育教学资源开发的基础，发挥学生的主观能动性。

4. 问题性

问题导向学习，有了问题，才有学习的动力。在开展科学研究、学习讨论时，问题推动研究学习成果的产生，学生在不断学习知识、不断发现问题中逐步提高自己。逻辑是思维的规律，拥有逻辑思维能够深入了解事物的本质规律，增强分析问题能力，逻辑思维的形成依靠问题的不断提出、解答，形成固有的意识思想，积累丰富的知识内容，促进新思想、新知识、新方法的产生。因此，在现代教学过程中，应该对学生问题意识的培养更加关注。

就现代教学论层面而言，学习活动的产生主要是问题的出现，问题推动学生激发自己的积极性和求知欲，使他们自觉进一步思考已学知识，在知识理解的前提下探索新问题，寻找新发现。

现代教育信息化学习方式重视问题意识在学习活动、个人成长发展中的重要作用，培养学生问题意识的形成、发展，实现学习、问题两者相互联系、相互促进，在学习过程中发现问题，在问题中实现学习过程，学习中提出问题、解决问题，问题中促进学习、贯穿学习。

学生树立问题意识，能够实事求是处理学习过程中出现的问题，提高学生感知能力、思维能力，促使学生形成积极钻研、勇于探索、追求真理的学习态度，激发学生学习热情和思维灵活性，形成创新创造性思维模式、辩证思维、求异思维，提高学生综合分析解决问题能力，促进学生健康成长发展。

5.合作性

合作能够发挥自身特殊优势，是一切事业成功的基础。教师在学习活动中应该注重培养学生团队合作意识，在完成学习任务的同时，将学生培养成为合格的社会主义建设者和接班人。具备合作精神不仅能够在学习、生活中协同解决遇到的困难，而且通过学生之间的合作学习，使学生深刻体会到人与人相处应秉持的原则，通过团队之间的合理分工，完成共同的学习目标，充分发挥合作的最大学习效率，并且在相互合作中增进同学彼此间的感情。

6. 体验性

体验指亲身经历、实践获得经验体会，经过亲身体会接触的东西，能够更加真实地在大脑中留下深刻记忆。对学生而言，拥有对字面知识的亲身体会，便能够通过自己的生理、人格、情感对知识有更深的理解，而不是单纯的带有理性、表面色彩的认知，从而使学生在学习知识的同时，得到全身心的发展。对于现代学习方式而言，体验性是最明显的特点。

（1）现代教育信息化学习方式的体验性重视身体性活动的直接接触。学习过程不仅是在脑中形成单纯的文字映像，也并非只是用脑思考，而是涉及听、说、读、写等过程，经过亲身体会，亲身感悟，在体验中逐步学到知识、理解知识、拓展知识，使学生发挥主动精神，激发学习兴趣，在亲身体验的同时反思知识，获得知识、情感双面的提高，促进学生健康成长。当然，教师在此过程中应调动更多的学生进行体验学习，重视实践、探究、操作的重要作用。

（2）现代教育信息化学习方式的体验性强调直接经验。认识来源实践，只有亲身实践，才能从直接经验中获得真知。对于教学层面，教师应该引导学生从课本中进行自我理解、解读，获得直接经验，并且尊重每一个学生的独特性，有效的学习方式都是具有个性的，对于知识理解产生的自身感受也是不同的。对于课程层面，教师应灵活地将学生的生活世界、基础知识、直接经验整理成为学习课程资源。对于学习层面，应该重视学生直接经验的获取，将源于他人的间接经验进行有机整合，实现向直接经验的转化，提高学生综合素质，充分体现出教书育人的理念意义和促进个人成长的价值。

就以上阐述的现代学习方式而言，它们彼此之间相互包含、相互联系，综合组成有机整体。因此，在选择学生合适的学习方式时，应全面把握现代学习方式的特性。

（三）教育信息化学习方式的转变

1. 从图书馆查阅转向互联网搜索

随着互联网技术的快速发展，网络时代已经进入人们实际生活，信息的传递、交流的方式、资源的获取，通过网络技术变得方便、快捷，对人们的学习、生活方式产生巨大影响。通常而言，大学生阅读的专业资料、学习的课程资源、制作的作业素材、采用的参考文献，绝大部分源于网络数据库、官方网站等，而不是在图书馆实地查阅资料。此种变化对大学生主要产生以下方面的影响。

（1）计算机拷贝文字影响大学生的创新创造能力。利用网络信息技术不仅可以获取丰富的信息资源，还可以实现对所需要文字的快速选取、复制，而不需要重新在键盘上打出来，为大学生课程作业的完成、相应作品的制作、考试论文的完成提供方便的处理方式。通过文字拷贝，完成作业，当教师查阅、批改时，很容易发现拷贝文字后的痕迹，如字体混乱、灰色背景等现象。

网络平台上推出的各种查重检测系统，是为了处理论文、文章中出现过多抄袭、高重复率的现象，减小对学术界的负面影响。大学生期末成绩中通过添加平时成绩，可以修正期末考试带来的不足。平时成绩一般包含小论文、平时作业等，学生可以拷贝、组合网络上寻找的相应文字、段落，应对教师布置的作业。这种学习态度不仅没有得到良好的教学成果，而且会导致学生在不断复制、粘贴中丧失自己的独立性和创新性，不能在学习过程中提出问题，不能深入理解所学知识。相反，对于大学生这一青年人群而言，他们的求异精神、创新能力不可估量。近几年的"甄嬛体""淘宝体"等网络流行语言，皆是青年人群的创新杰作，但这些流行语很快便销声匿迹。究其原因，主要是创新的根基不够稳固，虽然这些流行语言形式新奇，很容易在网络中形成跟风趋势，但这些语言缺乏深厚的文化底蕴，不能充分体现知识内涵。另外，从网络平台上直接拷贝、重新组合吸引到更多的跟风者创作，此种方式与大学生的拷贝文字完成作业做法相同。大学生容易在网络浮躁之风中跟风，思维同化，对创新意识、创新能力产生影响。

（2）网络读图时代的到来，对学生理解文字、使用文字产生影响。随着科学技术的快速发展、社会的不断进步，用户不仅可以阅读相关文字资讯，更能够从高清图片或视频中快速掌握相关信息，在互联网平台推出图片阅读功能，能够快速吸引到大量读者点击阅读，这些由视觉带来的冲击能够快速在大脑中形成相应场景，增加深入体验，此种行为更进一步推动读图时代的到来，使互联网呈现流行化、娱乐化、普及化、大众化的特点。

学生在此种环境氛围中逐渐被同化，越来越依赖简洁、直观的图像认知，而渐渐忽视深刻、经典的文字形式，这种趋向不仅导致越来越多的学生提笔忘字，可能连日常运用的文字都不能辨识。另外，网络上普遍使用的拼音输入法必然会导致人们对于文字的使用产生深远影响。当然，此种现象是可以被改变的。由中央电视台组织的文字听写栏目《汉字英雄》，便是相关传媒、学者反思这种现象所举办的活动，该栏目引起社会对文字使用的思考和重视。

当然，读图时代的到来并不是一件坏事，这种流行快餐文化对快节奏生活的大众群体适用，能够快速获取信息、知识。然而，在现代快节奏生活中，仍需要重视文字使用的重要作用，注重阅读经典、原著，提高阅读能力和对文化底蕴的深入理解。对此，当代大学生更应在阅读中提高自己。

（3）网络普及带来的浅快阅读对大学生的逻辑思维能力产生深远影响。快节奏发展的生活让大多数人的阅读方式、阅读习惯发生变化，人们步入浅阅读时代，通过标题式、跳跃式、搜索式阅读达到阅读目的，此种方式少了阅读的味道，影响人们的思考能力。大学生的阅读普遍目的是拓宽知识面、完成自己的学业，且通常是快、浅的阅读形式。此种视觉性、网络化、娱乐式的阅读对大学生逻辑思维和批判思维的形成、发展产生负面影响。

阅读能够拓展知识面，鼓励大学生建构自己的精神世界。大学生的健康发展需要树立正确的读书态度，重视经典、文本、原著的阅读，减少对网络信息知识的依赖，促进大学生向研究型、知识型方向发展。

2. 从现实的讨论转向虚拟的交流

计算机网络间的彼此沟通是虚拟的、平等的、间接的、自主的，学生通常借助网络交际平台开展交往互动，并逐渐延伸到学习方式的改变。利用互联网技术不仅可以实现学习资源材料的广泛获取，而且超越时间、空间限制，在各种网络平台上进行知识沟通、问题交流、信息传递，并完成某些课题的讨论分析，此种方式不仅使两方甚至多方之间开展方便、快捷的交流，甚至还能够提升学习、研究、分析问题效率。另外，网络信息技术的普及，使更加丰富的课程信息被引入互联网平台，实现资源共享。学生可以利用网络工具获取世界各地的优质课程资源，并且可以在相应平台向教师、专家提出问题，相互交流沟通。当然，现实教学中存在的人际传播优势是网络教学无法比拟的。

3. 从找寻信息转向辨别信息

学生使用网络产生的影响效果不同的原因有两方面：一方面是网络软硬件条件的不同；另一方面是网络使用能力的不同。对于网络在使用期间产生的不利作用，主要是网络使用能力方面的差异。网络这一新媒体具有的方便快捷、资源丰富优势受到大众喜爱，实现报纸、杂志等传统媒体优势互补。由此看出，网络的普及使信息传播、知识传播变得迅速，是未来媒介形成、发展的基础。当然，对于新型媒介而言，网络的出现、普及、发展并没有改变传统媒介地位，传统媒介自身的可保存性等优势是新型媒介无法超越的，尤其是纸质媒介，学生能够利用其深入、系统地整理自己所吸收的知识。

利用网络信息技术，学生可以实现快捷方便的信息搜索，只需要轻轻地点击，便可在网站上弹出各种相关信息中找到相应结果，甚至可以通过网页上的超链接，直接指向目标网站，此种方式明显弥补传统媒介寻找学习资源的不足，减小大量的查找时间，提高学习效率。当然，新型媒介带来方便的同时，在网站上推出的各种无关信息、广告也使学生在辨别有效信息时花费大量精力、时间。

二、高校教育信息化的主要内容

（一）高校教育信息化的界定

"高校教育信息化"是近年来伴随着教育信息化而出现的新名词，目前对于其概念内涵的论述很多，但并未形成统一的界定。我国学者南国农曾在《高校信息化教育概论》一书中指出："高校信息化教育是指在现代教育思想和理论的指导下，主要运用现代信息技术，开发教育资源，优化教育过程，以培养和提高学生的信息素养为重要目标的一种新的教育方式。"他认为，"高校信息化教育就是电化教育，是信息时代的电化教育。"

知名学者祝智庭则认为，"高校信息化教育是指以现代化信息技术为基础的教育形态"[1]。也有学者认为，高校信息化教育是在教育科学理论和信息科学的指导下，以现代信息技术应用为核心，以教育信息化和信息科学技术为基本任务，以培养高素质人才为根本目的的教育教学过程和表现形态。

通常，人们很容易将"教育信息化"和"高校信息化教育"相混淆。虽然二者均同现代信息技术有着密切的联系，但是也有着本质的不同。"高校信息化教育"则是一种新型的教育形态，它形成的基础是现代信息技术，它是完成了教育与信息技术的整合之后的一种表现形式；教育信息化是将信息技术运用到教育中去的一个过程，它是在教育中推广与应用信息技术，是教育与信息化相结合的过程。但这两者之间也存在着一定的联系，如教育信息化的推进能够促进高校信息化教育的实施，而高校信息化教育的实施，又对教育信息化的发展产生促进作用。

（二）高校教育信息化的要素

（1）硬件。硬件就是要建立起支撑高校教育信息化的硬件平台，硬件平台实际上在高校教育信息化的过程中承担着物理硬件载体的角色。要想实现教育信息化，高校必须要做好信息化设施以及设备的建设工作，为教育信息化打好物质基础，这些建设项目需要投入大量的资金。这些硬件平台包括多媒体设施、校园网、

---

[1] 祝智庭,魏非.教育信息化2.0：智能教育启程,智慧教育领航[J].电化教育研究,2018,39(09)：5-16.

电子阅览室等。

（2）软件。高校教育信息化获得的效益，可以直接通过软件资源环境来得以体现。各种应用软件平台都存在软件资源建设的不同表现。软件平台建设包括的范围较广，如自动化办公的虚拟环境、线上的实验环境、多媒体的学习素材、用于教学的自动化管理系统等。有了这些软件环境，教师的教学效率将得到明显提升，学生的学习能力也能得到很好地培养。

（3）人才。高等教育信息化建设过程中需要大量技术人员的参与，要将高科技的网络技术同专业知识整合在一起，这其中还需要教师的共同参与，不仅需要有信息化管理与建设的专业人才队伍，还需要有善于运作信息化教学的教师队伍。学校不仅要吸引专业人才加入本校的信息化建设队伍，而且还要加强对教师的培训，要督促教师学习现代教育理论，新的教学方法，前沿信息技术，要提高教师运用信息技术的本领。

（三）高等教育信息化的特征表现

（1）数字化融入教育。信息时代实际上也就是数字时代，现代人的生活因为计算机的出现而发生了彻底的改变，教育中的数字化是指将数字化的内容以及方法引入到教学手段、内容以及方法中来，在教学中尽可能多地以计算机作为媒介和辅助。过去传统的信息传递方式以及载体目前大多已经被数字资源以及数字信息方式替代，尤其在教育领域，这种趋势更加明显。

（2）网络化融入教育。进入信息时代以来，信息网络成为一种发展最为迅猛的信息技术，这种形势对教育改革产生了巨大影响。过去师生面对面开展教学的方式，大部分已经被网络教学所替代，各种信息资源可实现共享，学习在时间与空间方面所受的限制越来越少。

（3）智能化融入教育。目前教育领域已经越来越广泛地使用了现代信息技术，智能化工具的普及，不仅提高了教学效率，也使教育的成效越来越明显，令高校教育的智能化水平不断提升。教育技术智能化指的是在高校的教学过程中，各种智能工具、科技手段以及信息技术越来越发达，有的甚至已经能与人工智能相媲美。

（4）共享化融入教育。共享化指的是在信息技术快速发展的大背景下，教育领域越来越多、越来越广泛地将各种资源以及先进技术进行分享。各类局域信息网以及通信设施为这种教育方式提供了设施上的支撑，世界上的各种信息被汇总成为了信息的海洋，教师和学生不论身处世界何处，都能享用网络上的这些学习资源。传统教育中的各种壁垒被打破，教育资源开始被共享，走向了开放。

（四）高等教育信息化的目标

高等教育信息化有着多领域覆盖、多方面融合、多层次渗透、多环节配合的特点，是一个囊括教育教学及其管理的复杂系统。就这一系统的自身建设而言，它并不是简单的以教育为核心的基础技术建设，也非一般教学手段和教学方法的应用，而是在满足其基础设施建设、信息资源建设、技术人才队伍建设、应用系统建设和保障体系等的信息化建设基础上，最大程度地消除系统内部制约因素的消极影响，借助其积极影响提高教育工作的效率，更好地服务于现代化素质教育。同时，教育信息化也是一种理念上的更新，指导教育领域改革的进一步深化，推动教学工作的实操性创新。在全世界高等教育信息化的浪潮中，逐步建立起具有中国特色、符合中国实际的新型教育信息化系统，既是人民的真切盼望，也是教育改革的应有之意。

1. 深化"全民教育"与"终身教育"理念

教育的最终目的之一，是实现学习者自主学习能力的培养，让个体有意识地接触自己感兴趣的或自己需要的学习内容，并有能力在海量的信息中筛选出适宜的学习材料进行学习。这种学习能力是再教育和终身教育的前提，作为上层建筑的高等教育，也应当明确这一点，在社会化服务的过程中让更多人获得该能力。在万物互联的信息化时代，传统的院校教育已不再是大众学习的唯一途径，互联网网络教学的出现更是模糊了"学校"的边界，让学习不再受限于特定的时间和空间。信息化教育应当充分发挥互联网资源丰富、即时共享、开放性强的优势，拓展学校教育的外延，为更多人利用互联网教育资源进行学习，实现全民教育和终身教育提供保障。

2. 积极发展现代远程教育

现代远程教育，是在现代计算机信息技术的基础上发展出的、区别于传统教育方式的一种新兴的、顺应时代潮流的教育方式。现代远程教育作为一个平台或一项工程，有效地整合了多元的教育资源，让学习者们可以在这里发掘学习兴趣、接受在线教育、实现终身学习。科学技术的迭代和社会的快速发展，使21世纪的社会分工日益细化，岗位要求越发严格。这种变化要求人们通过不断学习来获得更丰富的知识储量与专业技能，以适应社会的变化，并更好地实现自我发展、创造职业价值、提高物质与精神生活水平。

3. 大力培养信息化人才

21世纪的竞争是人才的竞争，大到社会经济的发展，小到行业竞争的角力,人才都是最为关键的"软实力"体现。教育信息化的一大要义便是通过信息化的教育方式,培养具备信息化意识,掌握信息化操作,熟悉信息化管理的相关人才。一方面,这样可以提升就业者的自身素质,获得更多工作机会;另一方面,这也是目前维护国家安全,满足各行业尤其是党政机关部门、社会公共服务部门以及科技企业人才储备的客观要求。信息化专项型人才、复合型人才的培养,还需要多方合力,共同营造出一个有利的人才培养氛围。

4. 积极发展信息产业

知识经济是以知识为基础、以脑力劳动为主体的经济。教育和研究开发是知识经济的主要部门,高素质的人力资源是知识经济的重要的资源。这种经济模式不仅孕育出一批新的以知识付费为变现手段的商业运营模式,也极大推动着信息的产业化发展。高等院校凭借自身的智库优势,正以其独特的方式参与到信息产业的发展中。例如,多数高等院校具有高水平的科研队伍,并享有大量的学术论述及发明专利成果;有开阔的国际化研究视野和海外合作渊源;学界和业界之间天然的双赢互利空间;国家和地方为高校人才提供的宽松政策环境等。这些因素的共同作用下,信息产业正逐步成为当前经济增长中最活跃的因子,为社会创造出更大的产能和产值。

三、高等教育信息化发展的思路

有人对教育信息化表示怀疑,认为教育信息化开展了这么多年,国家投入大量资金,可是教育教学基本还是以班级集中式授课的老一套,没有带来多少实质性变化,计算机和网络成了学校的包装物和展览品。从信息技术对新经济的巨大作用和大中型企业信息化成功经验看,信息技术非常重要。信息技术在经济领域作用显著,而在教育领域没有发挥其应有作用的主要原因是:信息技术属于科技,不论如何先进,本质上还是工具,它具有巨大的潜力,但是潜力不是现实的作用力。只有扫清科技转化为生产力的障碍,满足其前提条件和并行条件,当使用者以极大热情和正确方式将科技应用于实践时,潜力才显示出强大作用力。

  大中型企业信息化成功至少有三个原因:信息化所创造的全球化市场及巨额利润对企业的强大吸引力;企业本身具有的特质(扁平网络化的组织结构、灵敏快速型的运作机制、跨域多元化的团队协作及关注"变动",强调"创新"的企业文化)与信息化的潜质相吻合;决策层对信息化再造企业的高度重视,在研发中投入大量的人力物力,从表层应用到深层应用,从简单应用到复杂应用,从失败走向成功。高等院校长期以来受到事业性质和财政投资的保护,自由自治的管理方式形成了松散组织结构和超稳定系统,以至于常常呈现出对社会的滞后性,当然不可能自然形成教育信息化。

  地方高校教育信息化的成功是有条件的,除了外部条件(教育市场对教育信息化的强大需求、信息技术对教育信息化的有力支撑、国家政策对教育信息化的积极引导、社会文化背景对教育信息化的赞同支持)之外,更重要的是内部条件。内部条件包括:决策者与实施者的思想观念与价值取向,人力资源,财力资源,教学资源,技术设备条件,组织管理体系与工作运行机制。推进教育信息化是一个系统工程,这可以从组织管理的角度给出总体框架思路。

第四章　高等职业教育的信息化发展 <<<

（一）构建教育信息化思想基础

教育决策者和实际工作者对教育信息化所持的思想观念是制约教育信息化进程与发展方向的一个重要因素，对高等教育教学信息化的价值判断将影响人们对教育信息化的态度和动力。因此，十分有必要让学校成员充分认识到高校的危机，明确教育信息化的当前状况、发展方向和教育信息化产生的由来。要集合成员一起探讨教育信息化的目标、教育信息化发展的作用、教育信息化发展的影响、教育信息化发展与成员个体间的利益关系以及教育信息化发展的方法。引导成员充分运用理性的、辩证的思维考虑问题，防止盲目过热，也要克服恐惧悲观。

构建教育信息化思想基础要理清三个问题：①必然性，信息化作为历史潮流是不以人们的意志为转移的，抵抗或回避无济于事，必须充分重视并应对挑战。地方高校立足于地方，以高等教育大众化、建立终身教育体系和学习型社会为主要任务，职能定位要求开展教育信息化。②可能性，地方高校本身孕育生长于市场经济，主观上具有较强的市场意识，客观上与地方各界以及社区有着千丝万缕的共生关系，具有开展教育信息化的可能性。③利益性，教育信息化的确给教师和管理者增加了压力，但也带来了提高素质、发展能力的机会和动力，技术只能服务于人，永远代替不了人。同时学校开展教育信息化也要以人为本，不但要重视学生的发展，也要重视教师与管理者的教学、科研和专业的一体化发展。鼓励将个人发展目标与学校发展远景统一起来。

通过师生员工广泛参与学校的教育信息化决策讨论，促进他们的态度和价值取向朝着信息化的方向转化，提高他们的心理承受能力，从根本上建立支持教育信息化的群众性思想基础。

（二）坚持实事求是，研究与实验先行

许多学校教育信息化失败的原因之一是仓促上马，没有经过充分准备和研究实验。地方高校的教育信息化唯有谨慎行事、求真务实，必须要进行预见性的可行性判断。原因有四点：其一在于教育信息化发展的成本投入大，技术发展迅猛，因此要时刻关注教育信息化发展的动态，冷静分析发展过程中面临的问题；其二在于不同高校差异化较大，不同高校要形成自己的发展道路；其三在于信息技术本身具有两面性，在发展过程中要合理规避负面影响，大力弘扬正面效应，实现其效能；其四在于教育信息化自身具有复杂性，涉及学科门类多、覆盖领域面广，因此教育信息化发展必须进行充分的实验研究，为综合性信息发展打下良好的基础。

教育信息化发展的实验研究要注意以下三点原则。

一是实事求是，以解决问题为中心。在发展过程中充分联系学校自身情况，重点针对发展中面临的具体问题，坚持实验研究与具体操作相结合。

二是充分动员，取得群众的支持。在发展过程中要做好宣传动员工作，与群众合作，与相关领域专家合作，建立指导、学习、研讨三合一的发展机制，营造宽松的研究氛围。

三是科学立项、规范管理。高校要提前将信息化教育纳入科研项目，进而对相关的研究与实践进行规范化管理。

教育信息化的研究实验不但是一个实事求是的过程，也是个解放思想的过程。通过研究实验得出的结论最具说服力和凝聚力，有利于争取更大群体对教育信息化的支持与参与。我们应当坚持解放思想与实事求是的结合。

第四章　高等职业教育的信息化发展 <<<

（三）确保信息化协调有序

教育信息化发展的成本投入大、运行时间长、运营难度大，在不同的运行环节有着各式各样的制约因素。因此在实施过程中科学的领导、规范的管理有着十分重要的意义。

高校的教育信息化发展要在国家或地方整体发展规划的领导下进行，要充分联系学校自身的发展目标和实际情况进行，所制订的发展规划要合理平衡科学性和可行性。必须建立强有力的教育信息化领导组织体系，落实"一把手工程"。学校应成立教育信息化建设委员会，由校级领导挂帅，根据学校的总体建设方针与发展思路，领导全校的教育信息化工作。委员会下设信息化工作组，具体负责信息化的组织实施。要形成自上而下包括管理部门、教学系统、学术机构和技术支持部门参与的全校性信息化组织管理体系，保证工作顺利运行。学校教育信息化发展的规划与管理要坚持如下六点要求。

第一，坚持协调发展原则，在发展过程中硬软问题齐头并进，人力资源和物力资源的投入并举，基础设施的建设和应用并重，要实现软件、硬件的协调。坚持信息化教学与信息化教师人才培养协调、科研与应用协调。

第二，坚持重点攻坚原则，在发展过程中，高校要根据本校的基本条件、发展特点和地方经济发展的要求，确定合理可行的重点发展项目，进而合理组织力量进行重点攻关工作，实现以点代面，推动整体项目的发展。

第三，坚持可行性原则，在发展过程中，高校切忌好高骛远，在技术选择方面要充分考虑高校自身的特性，不可一味求新，要重视项目的可信性和效益转化，坚持走高效益、低能耗的发展之路。

第四，坚持循序渐进原则，在发展过程中切忌贪多贪快，要尊重事物发展的客观规律，充分认识到教育信息化发展是一个渐进的过程，要实现分阶段进步，保证每一个阶段都稳步前进。

第五，坚持弹性发展原则，信息化发展有着技术发展自身所带的难以预测的特点，因此在发展过程中必须弹性发展，保证发展具有可兼容性和可替换性，切忌在错误道路上一条道走到黑。

（四）保障信息化资金投入

教育信息化建设需要投入大量的资金，而且建设周期较长，如果仅靠政府的财政投入，无法在短时间内完成这个任务，因此，在进行教育信息化建设之前，要解决好资金的来源问题。因为高等教育信息化本身就是一个巨大的市场，其中有着无限商机，因此国内外的一些IT企业以及金融投资公司对此表现出了极大的兴趣，他们愿意以眼下的投入换得未来长远的利益。因此对于地方高校而言，应当解放思想，开阔眼界，以市场经济的眼光来经营大学，寻找能够帮助高校提高办学质量的合作伙伴，以灵活的合作方式，形成多元化的投资渠道，将市场机制引入到办学中来。高校不仅可以积极引入参与教育信息化投入的各种资金，而且还可以运作教育信息化的各种产出，主动参与到教育信息化产业的经营与运作之中。

（五）创设信息化应用基础

教育信息化环境主要包括三大要素，分别是教育信息化平台、教育信息化资源以及教育信息化工具。教育信息化平台主要包括组成信息化基础设施的各种硬件平台以及软件管理平台。教育信息资源主要有以下内容：图书以及情报信息、动态综合信息、法规管理信息、多媒体教学资源等。教育信息化工具主要有两种，

第四章 高等职业教育的信息化发展 <<<

一种是软件类工具，包括搜索引擎、网址、应用软件等；另一种是方法策略类工具，包括思维方法、操作技巧、管理思想、管理策略、设计策略、教学模式以及学习策略等。信息化环境中，基础是平台，核心是资源，在开发利用信息资源并与之产生互动的过程中，工具能为我们提供有效的帮助与支持。

（六）将信息化融于教育改革

对信息技术的概念加以分析，物质的基本属性之一就是信息，将物质的信息属性进行多媒体化、网络化、虚拟化以及数字化的开发与利用，这个过程就是信息技术的形成，它能够令物质的各种信息表征变得更加方便、更加智能、更加快捷、更加清晰。所以，信息技术的根本属性就是应用，只有在事物以及物质结合的应用过程中，信息技术的意义、潜力以及创造力才能真正显现出来。

教育信息化的内涵主要包括：教育信息化不是一蹴而就的，它需要有一个发展过程，是教育改革为现代化技术所推动的过程，所以，应用是教育信息化的落脚点；在教育信息化所构建的系统当中，教育信息化有一个核心，那就是应用，我们必须要围绕应用这个核心，将教育信息化融入到教育改革中去。

第二节 高等职业教育信息化建设的问题与对策

现在，各职业院校对信息化建设都倾注了大量的心力，这也促进了信息化技术在高校中的深入运用。职业教育信息化发展成为一种趋势。主要体现在三个方面：首先是具备了良好的硬件建设基础。各个级别的职业院校基本上被校园网络所覆盖，而且和地方教育信息网、中国教育科研网、中国公用计算机互联网等网络联系密切，同时也基本完成了多媒体教学设施的建设，为高校的信息化发展创造了条件。其次是开始了全新的数字校园建设。各个职业院校在教学、科研、学生等管理信息系统的建设中也得到了不断完善，共享数据中心也正在建设中，为数据共享的实现提供了机会，而且促进了数据集成和服务集成的形成，在信息化技术的促进下，教学管理水平也得到了显著提升。最后是促进了信息化教学资源的丰富化发展。在教学中广泛运用多媒体技术和仿真技术，对职业教育理念形成了较大的影响，有利于教学方法和教学资源的多元化发展，并对教学组织有着积极的改善作用，有效提升了职业教育的效率和质量。

一、高等职业教育信息化面临的问题

高等职业院校信息化建设中也遇到了很多的困难和问题，尤为突出的就是在学校教育管理和教育资源信息化建设等方面的问题。如还没有得力的顶层设计和统筹管理能力，在日常教学中还没有深入地运用信息技术的优势，职业教育信息化还没有紧密地联系企业和行业发展需求，教学资源的开发利用程度不到，没有充分地发挥职业教育服务社会的功能和价值等。尽管各个专业和各种类型的教学资源库和精品课程不断推出，不过其不足也是显而易见的。

（一）基础设施相对薄弱，资源结构仍需完善

一方面网络基础设施不健全。经济较发达地区的职业院校基本上已经被校园网络所覆盖，但是其配置水平却非常有限，没有足够的出口宽带，而且还有一些校园区域如实验实训室、图书馆、

教室或者办公室等没有涵括在内；经济欠发达或则农村职业院校的校园网建设则严重不足，其建设任重而道远。

另一方面信息资源结构性匮乏。现在，职业教育信息资源整体上而言层次有限，且重复性建设和单机课件、文档资源以及接受性资源为主等都是其主要特征，缺乏充分的媒体资源、互动性资源和网络课件。而且和课程的深入整合较缺乏，一般都停留在"可视化"的教学层面上。

（二）专业人才不足，应用水平有待提高

（1）人才总量不足。从宏观的角度来看，职业教育信息化部门和编制人员不足也是一个显著的问题，没有足够的信息化管理和研究力量来支持职业教育信息化的发展，在组织、实施以及服务支持上都有所欠缺。从院校的角度来看，虽然专业师资队伍建设比较强劲，却没有配备足够的信息化专门人员也是一个很多的问题，有些职业院校还没有建立专门的信息化管理部门和岗位等。信息化建设管理队伍和能力的不足也在很大程度上制约了职业教育信息化发展的进程。

（2）专业技能不强。职业教育信息化和普通高等教育不同的是，它缺乏必要的资源开发、成果评价、应用推广、标准制度以及相关政策研究来予以规范，而且也没有优质的进行信息技术和课程整合的开发、培训和推广等。职业院校信息化建设管理和技术人员的专业素质都非常有限，而且多数都是由非专业人员来担任管理者，并由聘请合同工和计算机教师来兼任技术人员，这对信息化建设的管理、指导和规划都产生了一定的抑制作用。

（3）应用水平不高。职业院校在教育教学、管理和科研等领域中使用多媒体信息技术的程度不高，且课程和信息技术的整合

度也非常有限。很多职业院校还只会通过计算机来显示教材或者教学资源，无法有效整合优质的课程资源、仿真教学软件等。而且在教学中没有突出学生的主体地位，其探究性学习和协作性学习的引导力度不够。

（三）信息化建设资金投入不足，投资机制有待完善

（1）建设标准不完善。目前职业教育信息化建设的导向性、标准化和规范化建设都还比较欠缺，各个职业院校在建设项目时都较为盲目和随意，从而浪费了大量的人力、物力和财力，没有高效率地使用经费。为此，根据职业教育的层次、特征来进行规范化的教育信息建设也是刻不容缓的重要任务。

（2）财政投入不足。近年来，基础教育和普通高等教育一直是各级政府进行教育信息化建设的财政经费的重点支出方向，并没有形成固定的公共经费和职业教育信息化专项经费等。如国家的"校校通"、现代远程教育工程等都和职业教育没有直接关系。缺乏必要的职业教育信息化建设项目和经费，也使得职业教育信息化的推进非常困难，出现了没有足够的专业化人才、资源结构以及基础设施来支持其长远发展。

（3）投入机制单一。职业教育信息化需要大量的资金完成基础设施和资源建设等，因此不能将财政经费作为唯一的支持资金，而是要大量拓展企业捐助、基金支持以及国际合作等多种资金渠道。目前国家的信息化建设资金的筹集渠道有限，政府的主导作用和社会参与机制都还没成熟，也没有相关的政策予以支持。

二、高等职业教育信息化建设的对策建议

对于我国职业教育信息化建设过程中存在的问题，如果不加

第四章 高等职业教育的信息化发展

以重视和改进，势必会影响职业教育信息化及现代化进程，因此必须采取有效措施提升职业教育信息化的建设效益和水平，从而促进中国职业教育的长久发展。

（一）加强顶层设计，统筹规划职业教育信息化工作

职业教育信息化建设应以提高职业教育教学质量、培养符合经济社会发展需求的技术技能人才为目标，以建设稳定高速的网络环境和丰富优质的数字化教学资源为基础，以搭建职业教育资源共享平台和岗位技能培训公共平台为核心，以信息技术与课程的深度融合创新为突破口，以健全职业教育信息化建设管理体制机制为保障，建设适应地方经济社会发展需求、具有终身教育特色、满足学习型社会要求的现代职业教育信息化服务体系，使信息技术在改革职业教育人才培养模式、提高职业教育服务社会能力、建立现代职业教育体制机制等方面发挥重要作用。要坚持"统一规划，共建共享；以人为本，服务学习；深入应用，突出绩效；全面融合，特色发展"的原则，以职业教育信息化促进职业教育现代化。

（二）创新体制机制，加强职业教育信息化基础保障

在改革中要把握好机制创新这一关键性问题，这也将决定改革能否取得成功。应该在"信息集成"这一发展核心下促进个性化服务和资源共享的建成以确保信息技术的深化应用。

（1）建立职业教育信息化标准体系。为了有效解决"信息孤岛"的问题，促进信息资源的共建共享，应该依据不同信息类型的特征进行符合职业教育特征的信息化标准的建立和完善，并在此基础上促进数字化教学资源的建设。

（2）探索职业教育信息化的新机制。为了促进信息化建设工作科学有序的发展，需要对区域进行统一规划、统一管理统一标准和统一协调；科学合理地评估资源的开发应用，并建立绩效评价机制，以促进教师积极主动地参与到信息系统运行管理中；为了吸引企业的积极参与，还可以让企业通过合作可以获取一定的社会效益和经济效益；加强对信息化教学资源产权效益分享机制的健全和探索，为信息资源版权提供必要的保护，加强对软件著作权的认可，从而使得信息化项目开发者可以享受到合理的权益。

由政府或者院校单独设立职业教育信息化建设经费，为职业教育信息化建设提供资金支持。并大力引进行业和企业参与进来，促进投入格局的多元化发展，并为其建设提供稳定可靠的经费来源。加强对教学资源的建设和维护力度，并确保有足够的经费来支撑信息技术的应用和推广以及安全建设等；科学合理地分配教学硬件、软件、运维服务和人力资源等各个方面的投入比例，确保高效益的产出。还可以结合专兼职来促进职业教育信息化专业队伍的建设，并给予一定的人才配备，提升其待遇和职称晋升，以确保信息化管理、建设和服务支持的顺利进行。加强校企合作，促进职业教育信息化技术的应用开发团队的建立，并借助信息技术的优势如无线网络、云计算、虚拟化和物联网等进行新技术的研发，并在教学工作中予以借鉴和运用，将教师打造成教育信息化建设的主要力量。

（3）发挥职业院校在信息化建设中的主体作用。充分利用院校信息门户的优势，在组织信息资源和服务中要基于用户的核心地位进行，这样才能更好地集合职业教育信息。进一步建设职业院校数字化校园，以确保职业院校信息资源中心的价值和优势得以发挥出来。对各个院校的优势和力量予以规范和整合，促进职业教育信息化服务体系的构建和完善。

（三）服务师生，深化数字化校园的建设

随着信息时代的到来，数字化校园运营而生。数字化校园是建立在网络之上的一种信息化手段，并促进整个教学过程的数字化发展。在收集和处理这些信息化资源的过程中也需要运用到先进的信息化手段。数字化校园的特征在于其复杂性、庞大性，不但要进行必要的硬件设施的建设，也需要涵盖教育、管理、服务以及教学等各个方面的软件建设，在构建这一系统中要充分遵循软硬并重、分步实施、重点突破以及统一规划的原则，为了更好地满足教师、学生以及家长的不同需要，还应该相应地建立生活服务、个人服务、社会服务以及教学服务等模块的建设。

除此以外，数字化校园是基于校园网站进行的，校园网站是学校信息交流不可或缺的关键性内容，也是提供所有数字化服务的平台和载体。所以，校园网站代表着学校的形象和窗口。在校园网站主页的建设中要遵循合理、实用、美观等原则。截止到现在，暂未有一个统一的评价标准来指导数字化校园的建设。为此需要各个院校成立专门的数字化建设部门来支持数字化校园的建设，并以先进理念和明确思路为方向来统一规划和组织实施数字化校园的建设，此外，还应该对数字化校园建设的各项管理制度予以完善和改进，为数字化校园的建设保驾护航。

（四）加强职业教育信息化标准、设施和服务平台建设

（1）完善职业教育信息化的标准建设。充分发挥政府引导和科学研究的作用，在重大信息化工程项目的带动下，充分发挥教育界和产业界的优势，在现有的标准规范下进行各项资源和设施的建设，以强化信息建设的标准化、规范化发展，加强信息资源

的共建共享,进一步缩短城乡差距,以确保职业教育的均衡稳定发展。为了促进教育信息化的国际合作力度,需要积极地加入到教育信息化国际标准的研究当中。

(2)开展职业教育信息化基础设施建设。充分利用卫星电视网络、教育专网以及互联网等技术的优势,形成对职业教育信息化骨干网建设的强大推力。在综合信息基础设施的完善上可以利用传感网络、5G移动网以及物联网的技术优势,促进网络转型的推进。在虚拟实验室、多媒体演播室和多媒体计算机教室的基础上进一步加强广播电视设备、校园管理控制系统、远程教育网络和校园网络的建设和完善,对网络结构予以优化,加强多层面网络的融合和发展。

(3)开展职业教育信息服务平台建设。在便捷化服务的原则下促进教务管理系统、网络教学系统、信息发布系统、数字图书系统、后勤服务系统、一卡通系统以及办公自动化系统的建设和完善,促进教学平台、管理平台、政务平台等各种职业教育信息化的发展,确保职业教育教学的个性化发展,在数字化实训系统的基础之上开发仿真实训平台,让职业院校实训室建设的信息化水平得到显著提升,并降低相关的实训成本投入。

(五)完善职业教育信息化人才培养、培训和发展机制

(1)信息化管理人员队伍的配备及职责。要充分重视信息化科学发展和信息化人才培养,为了有效提高职业教育信息化管理人员的综合素质和技术水平,应该采取继续培训和补充人才的双重方式来促进专业队伍的打造。对信息化管理人员的协调服务和技术维护职责予以明确,并在系统开发、安全维护、事务统筹以

及发展规划上充分发挥出信息化管理人员的积极作用，以确保信息化系统的顺利运行。

（2）教师信息技术能力标准制定及实施机制。在制定职业教育教师的信息技术能力标准时，应该基于职业教育的特征和需求出发，并要考虑信息化发展的要求来进行，并对教学管理和技术人员形成意识上、态度上、知识上以及技能上等多层面的要求，明确其信息技术能力并予颁发等级资格证书。评价和比较虚拟实训室、网络课程以及多媒体课件的成果，以此进行年终考核、名师评选以及职称评定等。

（3）教师信息技术能力培训和发展机制。随着信息化时代的到来，终身学习机制和教师专业发展的关系也越来越密切，应该对农村教师信息技术能力进行培养，并通过实践予以强化，这样才能及时地更新其教育思想、观念和教学方式等。高度整合信息技术和课程，促进教学模式、教学方法和信息技术环境的协调性发展，积极促进学生自主性学习和探究式学习方式的形成，以促进教学质量和教学效率的不断提升。为了促进教师终身学习的信息化水平，应该积极进行覆盖城乡的信息化学习支持服务平台的建设和完善。

第三节 现代教育技术与高等教育信息化发展

一、现代教育技术与管理

（一）技术与教育技术界定

1. 技术

技术是一个历史范畴，随着社会的发展其内涵也在不断地演变。一般而言，现代意义的技术是指人类在利用自然、改造自然以及促进社会发展中所采用的各种活动方式、手段和方法的总和。它包括实体形态的技术和智能形态的技术两大类。实体形态的技术主要是指以生产工具为标志的物质性的技术要素，如工具、设备等，是物化技术，是有形的技术；智能形态的技术主要是以技术知识、方法、技能技巧为特征的技术要素，是无形的技术，是观念形态的技术。智能形态的技术又可细分为知识形态的技术和经验形态的技术。知识形态的技术指的是解决某类问题的系统理论与方法，它可以脱离个体，以知识形态独立存在；经验形态的技术是解决某类问题的技能与技巧，它以经验形态存在于个体，不能脱离个体。

对"技术"一词的这种定义比较全面、深刻。技术的重点在于工作技能的提高和工作的组织，而不是工具和机器。

2. 教育技术

教育技术是技术的一种，属于技术的子集内容，教育技术包括物化和智能两方面，是人们在教育实践中得出的，包括方法、技能、经验以及物质工具。物化和智能是教育技术的两个不同的部分，物化技术是教育所需的实物工具，从传统的粉笔、黑板到智能的计算机、卫星、软件，还包括部分科目用到的器材、设备等；智能技术是教育实践中产生的经验，总结出的方法、知识、内容，包括其中所蕴含的思想理念和理论依据等。智能技术引领着教育的发展，是教育的核心内容，依托物化技术进行内容的传播。

由此可见，教育技术是教育中的技术，它既不是对全部教学问题进行研究，更不是对所有技术进行研究，它遵循教育规律，研究如何采用技术手段和方法解决教育教学中的有关问题。

（二）现代教育技术

教育技术下还有子范畴，现代教育技术就是其中之一，现代二字明确区分了二者的不同。教育技术伴随人类至今，经历了长期的发展，贯穿整个人类史，从最初的口耳相传到后来的文字记录，再到现代的多媒体技术、虚拟现实技术。教育技术的发展走到今天，出现了未曾有过的样貌。现代教育技术就是指当代出现的信息化电子技术引领的现代化教育设施、教育技巧、新的经验和应用方法等，包括投影仪、录音录像设备、互联网等。

在我国"教育技术"这个术语普遍使用是在20世纪90年代以后。在此之前，它的名字叫"电化教育"。电教界认为"电化教育"是中国的教育技术。电化教育指的是运用现代教育媒体并与传统教育媒体恰当结合，传递教育信息，以实现教育最优化。但是，随着教育的发展以及对教育技术认识的逐渐深入，电化教育一词已经不能够概括与表述教育技术的内涵与外延，不能适应教育发展的需要。在这样的情况下，"现代教育技术"一词应运而生。现代教育技术顾名思义,就是结合了最新的教育技术和总结性的教育理论,对教学工具进行优化,利用现代技术和最新的教育理论设计教学内容、规划教学过程,对教学进行管理和评价。现代教育技术可以从以下四个方面来进行理解。

(1)现代教育理论的指导地位不能动摇。现代教育技术应用不能脱离现代教育理论,只有这样才能真正体现教育思想。现代教育技术的应用,要关注师生的不同角色,即教师的指导作用和学生的认知主体地位。

(2)对现代信息技术的充分运用。科技的飞速发展使得信息技术也取得了极大的进步,从数字音像、多媒体、广播电视技术到互联网通讯、虚拟现实、人工智能技术,现代信息技术对教育也有着不断更新的影响力。在利用信息技术时,要以教学需求为根本,不能以技术的先进性为指标,避免采用不恰当的使用方式导致设备的浪费或是教育目标难以实现。

(3)优化教学过程、合理利用资源。要做到资源的合理利用与教学过程的不断优化,必须要对教学模式进行优化。

(4)现代教育技术应用的五个主要环节。现代教育技术应用方式在持续不断地发展,现阶段主要有五个环节,这五个环节基本贯穿了教学的所有阶段,包括设计、开发、应用、评价、管理。设计主要针对的是教学软件的使用、教学环境、模式以及教学过程的设计;开发主要针对的是硬件软件设备、课程与教学模式;应用主要存在于实际教学过程中;评价、管理是在整个教学过程的最后展开。

(三)现代教育技术管理的特性

现代教育技术管理是指现代教育技术应用领域的各级管理人

员通过计划、组织、协调和监督等一系列的方法、手段和制度来调度所有的资源，协调各种关系，以便有效地达到既定目标的教育管理过程。现代教育技术管理的主要内容包括教学资源管理、教学过程管理、项目管理等方面。

现代教育技术管理的目的是充分调动教育技术系统内外的一切积极因素，全面提高工作效率和工作质量，发挥系统的整体功能，保证教育技术有效地开展，实现教育、教学效果的最优化。

作为教育管理的一个分支，现代教育技术管理一方面具有教育管理的一般属性；另一方面还具有自身的一些特点，具体如下。

（1）从属性。现代教育技术管理是整个教育管理系统的一个组成部分。学校的教育技术管理是整个学校教育管理的一个从属部分。尽管教育技术管理在学校管理中占据重要的位置，但它不可能完全取代教学、教务管理，仅仅是教学管理的一部分。教育技术管理是整个学校管理的一部分，必须紧紧围绕整个学校管理展开工作，必须为学校管理服务。

（2）开拓性。作为教育领域中的一个新的领域，教育技术的发展日新月异。与教育技术发展密切相关的教育技术管理需要勇于改革、敢于开拓的创新精神和进取精神，这样才能适应教育技术及教育技术管理的要求。

（3）技术性。教育技术是研究解决教育问题的学科。技术性是教育技术学的特点之一。教育技术管理的技术性主要体现在两个方面：一是对技术活动的管理，如教育技术领域中的项目管理；二是使用合适的技术对教育技术领域中资源和过程的管理。

（4）复杂性。教育技术是一个复杂的领域，涉及教育领域的多个方面。教育技术管理也涉及教育领域的很多方面。例如，对人的管理、对组织的管理、对硬件资源的管理、对软件资源的管理等。这些管理的对象种类繁多、数量巨大、形式各异，体现教育技术管理的复杂性。

（四）现代教育技术管理的组织机构

1. 组织机构的类型

按照职能进行分类，我国现行的教育技术管理组织机构可以分为学术机构、业务机构、教学机构、科研机构和专业机构等类型。

（1）学术机构是指进行教育技术学术研究和讨论，组织协作与交流，开展咨询与服务的机构。例如，中国教育技术协会、普通教育（中小学）电化教育研究会等。

（2）业务机构是指承担教育技术业务工作的职能机构。例如，各级电化教育馆、中央广播电视大学、各高等学校的教育技术中心等。

（3）教学机构是指承担教学任务，培养教育技术专业人才的机构。例如，高等学校的教育技术院系或专业、各级各类广播电视大学等。

（4）科研机构是指承担教育技术科学研究的专门机构。例如，中央电化教育馆、全国中小学计算机教育研究中心等。

（5）专业机构主要包括各级教育广播电台（电视台）、音像出版社、教育技术设备制造企业等。

2. 高校教育技术中心组织结构的职能

当前，高校教育技术组织机构一般被称为教育技术中心或现代教育技术中心。高校教育技术中心既是一个业务部门，同时也是一个具有一定管理职能的管理部门。其主要职能可以概括为管理、教学、科研、服务等四个方面，具体负责多媒体教学（含传统电化教学）、外语实验教学、设备与设施管理、卫星与有线电视管理、教学资源的开发和管理、教师的培训、教育技术应用的开发、学校教育技术发展规划的制订与执行等工作。

二、信息化环境下的教学理论

（一）现代教育技术的学习理论

现代教育技术需要以学习理论为指导，探索提高学习质量的规律和途径。当前，现代教育技术正在以学习科学为中心，集各学科之所长，共同解决人类学习问题。在现代教育技术众多理论中，学习理论是最为核心的理论基础。学习理论是心理学的一门分支学科，是对学习规律和学习条件的系统阐述，主要研究人类和动物的学习行为特征和认知心理过程。人们的观点、视野和研究方法各不相同，因而形成了各种学习理论流派。其中，行为主义学习理论、认知主义学习理论和建构主义学习理论在现代教育技术的发展历程中起到了关键作用。教师应该了解这些学习理论的主要思想，树立科学的学习观，以此为依据，为学生学习创设最优化的条件和环境，才能真正发挥出现代教育技术促进学习的作用。值得注意的是，每种学习理论都有其适用的情景和合理性，应该博采众长，更加全面深刻地认识学习，服务于学习。

1.认知主义学习理论

行为主义理论在斯金纳时期达到鼎盛，就在这一时期，认知主义学习理论与行为主义学习理论展开了激烈的论争，最终认知理论得到认可，认知学习理论与行为主义学习理论的最大区别在于：认知理论学家们只关心人类的学习，认知学习理论强调学习者的内部心理过程。这与行为主义者只关注外显行为、无视心理过程的观念有显著区别。认知学习理论的代表人物有苛勒、布鲁纳、奥苏贝尔、加涅等。

（1）格式塔学习观。格式塔学习观即完形说（顿悟说）。德国的格式塔学派诞生于1912年，是认知学习理论的先驱。格式塔，在德语中的意思是完形。格式塔学习观学派的代表人物有魏特海默、苛勒和考夫卡等。格式塔学习观认为学习不是行为的联结，而是组织一种完形。学习过程中问题的解决，都是由于对情境中的事物关系的理解而构成一种完形所实现的。同时，格式塔学习观认为学习是由顿悟实现的，即学习过程不是渐进的尝试错误的过程，而是突然领悟的，所以格式塔的学习理论又称顿悟说。

（2）认知发现学习理论。布鲁纳的认知发现学习理论认为学习的实质是学生主动地通过感知、领会和推理，促进类目及其编码系统的形成。类目指一组相关的对象或事件。认知发现学习理念强调学习是指掌握知识结构，即学习事物间是相互关联的；同时，还强调学习一般原理的重要性，还认为应该培养学生具有探索新情境、提出假设、推测关系、应用自己的能力解决新问题、发现新事物的态度。由此，布鲁纳的认知发现学习理论提倡发现学习，主张教学应创造条件，让学生通过参与探究活动而发现基本原理或规则。认知发现学习理论的步骤具体为：①从学生的好奇心出发，提出和明确使学生感兴趣的问题。学生在面临新问题、新情境时，在思维中产生了某种不确定性，于是就会出现试图探究的动机。②围绕问题，向学生提供有助于问题解决的材料或事实。③协助学生对有关材料与事实进行分析，让学生通过积极思维，提出各种解决问题的可能途径和假设。④协助和引导学生审查假设。用分析思维去证实结论，使问题得以解决。发现式教学不仅有利于学生所学知识的保持，有利于培养学生发现的方法与技巧，而且有利于培养和激发学生内在的学习动机，有效提高学生的认知能力。

（3）认知同化理论。奥苏贝尔在认知同化论中阐释到：有意义的学习应该是学习者的已有观念与外来的新知识在相互作用中建立的实质性的、自然而然的联系。有意义的学习需要新旧知识相互碰撞，在碰撞的过程中，新信息与旧的认知结构、认知信息之间实现了意义同化。

有意义学习的外部条件是，材料本身必须具有逻辑意义，有逻辑的材料能够与个体认知结构中已有的概念建立起实质性的、自然而然的联系。自然而然的联系指的是外来的新知识和个体认知中的已有概念在逻辑上产生的合理的联系；实质性联系指的是新符号或者新符号代表的理念和个体认知中原有的符号、表象、概念之间建立起的联系。

有意义的学习由三个内部产生条件：一是学习者需要产生有意义的学习的想法和倾向；二是学习者本身必须具有一定的知识储备，旧知识是产生有意义学习的基础；三是学习者需要有意识地将新知识符号和已有知识认知联系起来，使两者发生相互作用。

有意义的学习在已有理论的基础上，发展延伸出了更为细化和贯通的同化教学理论，即"渐进分化以及综合贯通"，该理论强调教学应该从统一化向个别化发展，通过细化分析学生的情况，重新整合学生的情况，帮助学生重新掌握认知要素，与此同时，对教学实施先行组织的策略。除此之外，同化教学还强调提前帮助学习者了解学习材料，通过提前建立认知，帮助学习者建立新旧知识之间的桥梁。

用于引进新知识学习的内容，是学习的先行组织者。先行组织者的存在可以有效地提高知识的接收速度和学习速度。先行组织者主要包括三方面的内容：一是内容需要合理的设计，合理的设计可以帮助学生应用已有的概念联系新知识，并且在新旧知识之间建立联系；二是联系相关知识内容，建立合理的知识架构,为新知识的建立提供了框架;三是先行组织者的稳定性和清晰性可以帮助学生灵活的学习,避免机械的学习带来的负面影响。

(4)信息加工理论。加涅在信息加工理论中阐述到:学习应该是一个闭合的过程,在这一过程中,存在很多阶段,不同的阶段需要开展不一样的信息加工。在不同的信息加工阶段存在不同的事件,主要包括学习事件和教学事件。学习事件形成于信息的加工的过程中,主要指的是形成的信息加工理论结构。教学事件指的是在教学的过程中形成的事件,教学过程需要根据学习的进展展开,教学过程的作用是影响学习过程,所以,教学过程需要与学习过程相对应。教学事件是学习事件形成的外部条件。教师需要掌控和合理安排教学事件,通过外在条件的控制实现教学的目的。教学的艺术就是教学与学习阶段的对应。

信息加工理论对学习模式进行了阐述:学习模式是对学习结构和学习过程的说明信息加工,理论有助于教学、教学过程、教学事件的安排,对于教学、教学过程、教学事件的发展有重要意义。

加涅在信息的加工学习模式中指出,加工学习模式有两个重要结构即执行控制与期望事项,这两个结构的存在可以改变或者促进信息流的加工。执行控制指的是学习模式中的认知以及策略,执行控制决定的是哪些信息可以通过感觉登记区域进入短时记忆区域以及信息如何进行编码、如何提取。期望事项指的是学生对目标的期望,也就是学习的动力,教师应该根据学生对学习的期望给予相应的反馈,只有这样反馈才会发挥作用。在信息加工学习模式中,执行控制和期望事项两个结构发挥着巨大的作用。

2. 建构主义的学习理论

建构主义学习理论是行为主义发展到认知主义以后的进一步发展，自 20 世纪 90 年代应用于教育领域以来，一直备受推崇。最早提出者可追溯至瑞士的著名心理学家皮亚杰。皮亚杰坚持从内因和外因相互作用的观点来研究认知发展。建构主义理论的重要结论具体如下。

（1）学习过程符合建构主义理论。人们对于外界事物的理解与接受要通过自身认知结构的认可，换言之，学生学习到的知识不是单纯地听教师传授，而是需要学生通过教学互动、教学传授在自我认知结构中进行建构。

（2）学习是一种协商的过程。因为个体的个人经验、个人经历存在差别，所以个体对世界的感受和看法也是各种各样的。要想达到学习的共识，必须经过协商以及不断的磨合。

（3）学习是一种真实情境的体验。只有在真实世界的情境中才能使学习变得更为有效。学生在真实情境中如何运用自身的知识结构解决实际问题，是衡量学习是否成功的关键。

综合以上论述，我们发现建构主义强调学习需要进行知识建构。建构主义认为由于个体经验不同，个体对世界的理解和看法也是各种各样的，知识的建构是发生在个体和外部环境之间的结果，所以不同的个体知识建构的结果必然是不同的，对知识的正确与错误所进行的判断也是相对的。除此之外，建构主义还认为教师只是知识的传授者，真正的知识建构取决于学习者自身的认知结构，学习者只有自我主动进行知识转化才能获得知识。因此学习环境的主要要素有情境、合作、意义建构以及会话。

现代教育技术将建构主义的很多思想转变为现实，例如，利用多媒体创设情境，提供丰富的学习资源和各种便捷的学习工具，来支持学生对内容的自主建构等；在课件制作中，建构主义认为教学以及学习的重点应该是学生，在教学过程中应该进行身份的转换，将学生从传统的知识被动接受者转变为知识的主动加工者建构者，除此之外，教师也应该进行身份转换，应该由传统的传授者变为学生学习建构的帮助者。

（二）现代教育技术的教学理论

以教学理论为指导，探索解决教学问题的规律和途径。现代教育技术将教学理论作为自身的理论基础，是因为教学理论是研究教学客观规律的科学。教学理论是从教学实践中总结并上升为理论的科学体系，它来自教学实践又指导教学实践。对于现代教育技术而言，为了解决教学问题就必须遵循教学的客观规律，也就有必要与教学理论建立起一定的联系。

1.发展教学理论

赞可夫的发展教育理论构建了实验教学论体系，对教学与发展的关系作出了科学的解释和确切的论证，并对如何创设最佳的教学体系，促进学生的一般发展，作出了精辟的论述，发展教学理论基本观点如下。

（1）教学的目标是促进学生一般发展。要以最好的教学效果，来促进学生的一般发展。

（2）教学目标应定在学生的最近发展区内。教学要有一定的难度，但也要适宜，应定为在一般发展区内，只有教学走在发展的前面的时候，才是好的教学。

教学理论在苏联20世纪70年代以来的教学改革中得到实施，并在实施中不断发展，对其他国家也产生了较大影响，也为今天教学活动设计中教学目标的制定奠定了坚实的理论基础。

2. 教学最优化理论

巴班斯基的最优化教学的理论认为：①应该把教学看作一个系统，用系统观点、方法来考察教学；②教学效果取决于教学诸要素构成的合力，对教学应综合分析、整体设计、全面评价；③教学最优化是在一定的条件下，用最少的教学时间取得最大的教学效果。

按照教学最优化理论的观点，"最优的"一词具有特定的内涵，它不等于"理想的"，也不同于"最好的"。"最优的"是指一所学校、一个班级在具体条件制约下所能取得的最大成果，也是指学生和教师在一定场合下所具有的全部可能性。

教学最优化理论对教学过程的环节业务做了新的划分，认为应按一定顺序安排课堂教学，提问—讲解—巩固—检查新知识的掌握情况—复习已学过的知识—概括这些知识并使之系统化。具体实施方法为：①综合考虑任务，注意全面发展；②深入了解学生，具体落实任务；③依据教学大纲，确定内容重点；④根据具体情况，选择合理方法；⑤采取合理形式，实行区别教学；⑥确定最优进度，节省师生时间。由此可见，教学过程最优化不是具体的教学方法或教学手段，而是一种教学的方法论、教学策略。

用系统方法研究教学，较全面、科学地剖析和阐述了教学过程，这有助于教师最优地制订教学方案和组织教学过程，以获得最佳的教学效果，该理论体现了系统方法和绩效技术的精神实质，对当前教育技术的发展具有重要意义。

教学理论的研究和发展为现代教育技术提供了丰富的科学依据。教学理论研究的范围涉及诸多方面，研究成果极其丰富。现代教育技术从指导思想到教学目标、教学内容的确定和学习者的分析，从教学方法、教学活动程序、教学组织形式等一系列具体教学策略的选择和制定，到教学评价，都从各种教学理论中吸取精华，综合运用，寻求科学依据。

（三）现代教育技术的视听理论

视听教育研究录音、广播等视听教育手段在教学中的使用方法和使用效果，总结出了很多视听教学的方法，并提出了相关的教学理论，即视听教育理论。

视听教育理论的核心是经验之塔。经验之塔的主要特征是以塔形构造将学习的形式（或者称为获得经验的手段）分成若干种类，并按某种规律将它们排列起来。该理论对人们在教学中如何选择教学媒体、如何增强学生的感性认识及如何提高学生的学习兴趣具有重要的指导意义。

1."经验之塔"理论的内容

经验之塔的概念将人们获得的经验分为三大类，即做的经验、观察的经验和抽象的经验，并将各种经验按抽象程度分为十个层次，具体如下：

（1）经验之塔"做"的经验。做的经验存在于经验之塔的塔基部分，指的是亲自的实践活动。做的经验有三种方式，在所有的方式中都认为学习者不仅仅要参观活动，更要亲自参加活动，从活动中获取经验，这样获得的经验就是做的经验。做的经验的三种方式是：首先，直接经验。直接经验指的是学习者通过对事物进行真实的接触而取得的经验，真实的接触主要包括视觉、听觉、嗅觉、触觉等，直接经验是最丰富的经验。其次，设计经验。设计经验指的是学习者通过被设计的模型以及标本获取的经验。被设计过的模型和标本与真实的材料之间存在大小或其他方面的差异，是对真实材料的改编。被设计过的材料可以帮助学习者有效地理解真实事物。最后，演戏经验。演戏经验指的是通过在学习之中设置情境扮演的环节,尽最大可能地还原真实情境,让学习者在情境之中通过表演获得情感和观念上的体验。

(2)经验之塔的"观察"经验。观察经验主要包括五个部分:一是观摩示范。观摩示范的作用是通过示范演示引导学生、告知学生事情的操作步骤,以便学习者了解和效仿。二是见习和旅行。通过见习和旅行,感受事物的真实模样,获得直接经验。三是参观和展览。通过对博物馆、历史纪念馆的参观,获得对事物的真实体验。四是电视媒体。通过电视播放的电视剧、电影、纪录片,获得观察经验,电视上的经验是间接的观察经验。五是听觉以及视觉经验。主要指的是广播、音频、图片等,相比于电视媒体的方式,听觉和视觉的方式更为抽象。

(3)经验之塔的"抽象"经验。抽象经验主要指两个方面:一方面是视觉信号,视觉信号指的是能够体现具体含义的图形符号、表格符号等,从符号上看不出事物的真实形态,但是符号可以抽象的代表真实事物,如天气预报图上的云朵、雨滴、雪花;如地理图表上的星星。另一方面是语言符号,语言符号有两种表现形式口头和书面。语言符号代表的是抽象事物。

2.经验之塔理论的要点

经验之塔理论的主要内容有以下五个方面。

(1)经验之塔的阶层划分是为了区分经验的具体和抽象程度,如在底层的经验是最为直接的,方便学习的理解、记忆;上层的经验比较抽象,可以帮助学习者建立概念。阶层的存在,并不是为了规定经验的获取方式需要遵从阶层,也不是为了证明哪个阶层的经验是最好的,而只是为了划分抽象程度。

(2)在具体的教学过程中,应该帮助学生获得直接的具体经验,在具体经验的基础上,进行抽象经验的教学,这样的方法有助于帮助学生理解概念和法则,如果只进行抽象经验教学,会导致学生缺乏实际理论经验的支持。

(3)教育、教学不能止于具体经验,而要向抽象和普通经验发展,要形成概念。概念可以供推理之用,是最经济的思维工具,它把人们探求知识的过程大为简单化、经济化。

(4)在学校教学中应使用各种教学媒体,使学习更为具体,也能为抽象概括创造条件。例如,在学校中,拥有大量、丰富的电化教育工具可以为学校教育提供良好的资源和更为方便的操作模式。

(5)位于"塔"的中间的那些视听教材和视听经验,既比上层的言语和视觉符号具体、形象,又能突破时间和空间的限制,弥补下层各种直接经验方式的不足。例如,电视、电影和录像等资源可以弥补因学生的年龄和身份所缺少的经历和经验,扩大他们的视野和知识面。

经验之塔所进行的阐述是关于经验的抽象程度的阐述,将经验从具体到抽象,而从感性到理性,从个别的普遍进行了总结。在经验之塔的中间部位是电视媒体、视觉、听觉等经验方法,这些经验方法介于抽象和具体之间,可以帮助学习者进行感性的认识,便于理解和记忆知识点,也有助于教师对知识点进行概括总结,进而上升到概念和抽象的层次,有效地帮助学生实现知识从具体到抽象的转化,是非常重要的学习和教学手段。因此经验之塔的存在不仅可以为视听教育心理学作指导,还可以为现代的教学做理论指导。

(四)现代教育技术的传播理论

传播是指传播者运用词语、体语、数字、图片、图表等符号

第四章 高等职业教育的信息化发展

传递思想、感情、知识、技能等信息内容，以影响受传者的行为，或达到信息交流和信息共享目的的行为或过程。

教育传播是由教育者按照一定的要求，选定合适的信息内容，通过有效的媒体通道，把知识、技能、思想、观念等传递给特定的教育对象的一种活动，是教育者和受教育者之间的信息交流活动。它的目的是促进学习者的全面发展，为社会培养各种人才。

与其他传播活动相比，教育传播的特点有：①目的明确。教育传播是以培养人才为目的的活动。②内容严格。教育传播的内容是按照教学计划和教学大纲的要求严格规定的。③受者特定。教育传播的接受者是特定的人群。④媒体的多样化。在教育传播中，教育者既可以充分发挥口语和形体语言的作用，又可以用板书、模型、幻灯、电视等作媒体；既可以面对面交流，又可以远距离传播。

在教育传播中，当教育信息通过教育媒体在教育者与受教育者之间进行传递时，产生了动态的过程，这就是教育传播的过程。在教育传播实践中，人们总结出一种非常有效的教育传播系统结构，这种结构用文字或图表等形式表达出来，就成为一种教育传播的模式。教育传播模式是对教育传播现象的概括和简明表述，是对教育传播过程的各要素构成方式与关系的简化，它反映了教育传播现象主要的、本质的特征。

1. 教育传播理论的原理

一是共同经验原理。共同经验原理指的是在教学过程中教师进行教学示范时，必须充分考虑学生的经验范围，只有双方处在同一经验范围内，才能达到教学的最好效果。教师如果忽略了学生的经验理解范围，用学生不懂的经验对学生进行指导会适得其反。

二是抽象层次原理。抽象层次原理指的是教师在进行抽象概念解释时，必须选择学生能够理解的抽象范围，通过具体的事物举例，提炼出抽象要点，基于对熟悉的具体事物的分析整理提炼进行抽象概念的教学。

三是重复作用原理。重复作用原理指的是重复提出一个概念，用不同的方式，在不同的场合重复提出一个概念，可以取得更好的教育传播效果。

四是信息来源原理。信息来源原理指的是传播者在接受者心中有可靠的真实的形象，有利于信息的传播。教师在信息传播过程中，首先应该确保信息来源的真实，其次应该确保树立起严格权威的教师形象，最后应该和学生保持良好有效的沟通关系。

五是最小代价律和媒体选择原理。该原理指的是以最少的付出获取最大的回报，可能得到的报酬除以需要付出的努力等于预期选择率。

2.传播理论的要素

（1）传播理论的教育者。

传播理论中的教育者具备教育教学所需要的能力，在教育系统中是重要的教育教学要素，也是教育的组织者、传播者、掌控者。教育者主要包括教师、家长以及教育社团的领导者，在学校教育中最主要的教育者是教师。

教师的最重要的责任是传递教育信息，从这个角度来看，教师并不仅仅只教课的教师，还包括教育的管理者以及教育资料的编制者，甚至某些教学机器也可以是教师的一种。

在教育的传播过程中，教师是教育信息的把关者，对于教育传播的内容、教育传播的方式以及教育传播的媒体，教师具有决定权，所以教师应该具备整体掌控教育传播的能力，帮助学生在德智体美劳方面全面发展。除此之外，教师还应该做好教育的组织以及评价等相关工作。

（2）传播理论的教育信息。

在教育传播过程之中，信息一直是重要的要素，传播理论中的教育信息，指的是物理形式的教育信息。教育过程本身就是信息的交流过程，教育过程中充满了信息的获取、转化、传递、加工。在教育传播过程当中涉及的教育信息主要有教学目标相关信息、学生学习相关信息、教师传递的信息、家庭教育的信息、社会媒体教育信息、学生接受和反馈的信息、实践教学的信息等。

信息的本质是抽象的，但是可以通过符号作为表征方式变得具体。符号分为两种，一是语言符号，二是非语言符号。语言符号既包括自然语言，也就是口头或书面的语言，也包括人工语言也就是计算机语言和其他专业的符号语言。语言符号具有抽象和有限的特征，相比之下非语言符号更为形象、更为普遍、更为多元、更为整体。非语言符号一般包括动作符号、图片符号、音响符号等。在理论传播的过程中，两种符号都具备各自的优点，语言符号可以对客观事实进行描述，非语言符号更加擅长表达情感和态度，合理运用语言符号和非语言符号可以有效地提高教育传播效率。

（3）传播理论的受教育者。

传播理论的受教育者，也就是教育的接受者。在教学信息的传播过程中，教育接受者的首要任务是接受教育信息，包括教科书、练习册，教师的课堂教学，多媒体教学工具传递的信息，大众媒体传播的信息；社会实践和社会活动体验到的信息等。其次，受教育者需要对获得的信息进行储存以及加工，也就是将信息转化为内在的语言符号或者非语言符号。最后，受教育者需要将收获的符号信息和之前获得的经验进行综合、分析、比较，最终得到信息的本质意义。除此之外，我们应该注意的是学生对信息的接受具有选择性，学生本身具有主观能动性，在很多情况下，学生对于接受的信息会进行主观的选择和理解。

（4）传播理论的媒体和通道。

在教育教学的过程中，教育传播媒体和教育传播通道是教育传播的必备要素。教育传播媒体指的是承载教育信息的载体，是教育者和学习者进行信息传递交流的桥梁。

教育传播媒体主要包括教学标本、教学工具、教学书、辅导书、教学影片、教学音频、教学课件等，教育传播媒体的存在是为了教育者和学习者之间进行有效的沟通，所以教育传播媒体的承载物体必须能够被教育者和学习者感受到，只有这样才能保证教育的有效传播。

教育传播通道指的是教育信息传播的途径，信息的传递必须以通道为基础，按照信息传递的形式可以分为图像传递通道、声音传递通道和文字传递通道。

通道要素主要有教学媒体、环境、师生的感官系统、信息的传递方式。除此之外，通道还包括双方之间通过沟通形成的联系方式，如相比于面对面授课的传统方式，随着科技的进步，现在还有网络授课方式，新技术提供的通道越来越多地被学生和教师关注和使用。

3. 教育传播理论的传播过程

教育理论的传播过程指的是教育者通过教育媒体向受教育者进行信息传递的过程。教育者通过把控信息推动各要素之间进行相互作用，最终形成传播过程。传播过程主要有六个阶段。

（1）确定教育传播信息。教育信息的传播要先明确传递的信息内容。内容需要根据国家对教育和课程的培养计划来确定，对于信息内容，教育者应该仔细认真研讨教学教材，对内容做到具体细化了解，除此之外，还要确保学习者掌握信息内容。

（2）选择教育传播媒体。教育传播媒体的选择本质就是信息编码的过程，教育者应该选用何种媒体形式去呈现教育符号和教育信号是重要的且复杂的问题，需要遵循一定的传播媒体选择方法和理论。具体包括：首先，选择的媒体应该能够准确地传递信息；其次，媒体的选择应该在学习者的经验和知识水平范围之内，便于学习者对信息的吸收和理解；最后，应该选择容易获得的媒体形式，通过较少的付出获得较多的回报。

（3）通道传送。教育通道以教育媒体为中介进行信号的传递，也被称为施教。教育传播通道需要注意两个方面：一方面是信号传递的范围和距离；另一方面是信息传递的顺序。在传送之前，教育者应该做好预先传送设计，保证传输有规律、有步骤、稳定地进行，为了保障传送信号的质量应该避免无关问题的干扰。

（4）接受与解释。受教育者对信息有一个接受和解释的过程，也就是信息译码的过程。受教育者受到外界环境的信号刺激，感官将信号传输至中枢神经，然后信号转变为符号，最后在受教育者的脑海中与之前的知识和经验融合将符号彻底解释为信息意义，并长久地存储在大脑之中。

（5）评价与反馈。受教育者成功将信息转化为知识时还面临一个问题，那就是知识是否达到了教学的目标，所以我们需要对教学进行追踪与评价。评价的方式主要有查看受教育者的行为变化、受教育者的课堂活跃程度、作业完成程度以及考试成绩。教学目标完成度的评价也是对教育传播过程的反馈。

（6）调整再传送。基于教育传播过程的评价和反馈来调整教育传播的方向，改进传播中的不足。通过调整教育信息、媒体以及传送通道达到更好的教学目标，具体操作表现为：教师在课堂上能及时调整；在课后进行的辅导调整；在期末对问题进行集中处理等。

（五）现代教学媒体理论

现代教学媒体理论以施拉姆媒体观为例进行探讨。施拉姆是传播学的创建者，施拉姆在《传播学概论》提出认识媒介的八个原则，具体如下。

（1）媒介所刺激的感官。施拉姆分析媒介要先分析媒介作用于人的何种感官，然后才能进一步分析媒体的其他功能。印刷媒介刺激人的视觉系统，所以选择与使用印刷媒体主要从视觉入手，如版面的设计要符合人的视觉感受，字体的大小、颜色的赏心悦目，重要信息呈现的位置都作为媒体软件设计关注的重点。听觉媒体主要刺激人的听觉感官，认识与使用听觉媒体主要从声音入手，如语言、音响及音乐。

（2）反馈的机会。一个好的媒体应该具备受者的反馈渠道，即应该实现传者、受者双方信息双向流动的通道。因特网之所以对电视造成了冲击，其中一个原因就是反馈渠道优于电视。

（3）速度的控制。不同的媒体在其传播信息的可控性上有所不同。面对面的语言媒体易于控制，学习者可以对印刷媒体进行控制。大众媒体如广播、电视，受众不具有对媒体传播速度的控制权。在教学领域，可以分析师生对媒体播放速度的控制方法，分析如何在学习内容上使用更适合的媒体。

（4）信息代码。不同媒体使用不同的信息代码，利用语言媒体进行面对面交流时，除了语言符号外还有许多非语言符号，如教师的动作符号、伴随语言符号、教师的面部表情等。印刷媒体以文字为主，易于做到抽象化；视听媒体则文字比较少，易于用图像、视频做到具体化。

（5）增值。面对面交流增值需要经过很大的努力，而许多电子媒体、网络媒体则可以使自身的传播增大无数倍，使很多地方能够收到他们传递的信息，克服了距离和时间的问题。视听媒体传递的信息还可以使文化程度较低的受众理解并接受。可以将面对面传播反馈迅速与大众传播信息增值的优势结合起来。

（6）保存信息。要看媒体是否具有保存信息的能力。语言媒体传播信息稍纵即逝，而印刷媒体、网络媒体在保存信息方面具有优势，电子媒体日益走向专业化以增强其保存信息的力量。

（7）克服弃取。克服弃取的力量即放弃某种媒体传播的可能性。转换电视频道比打消面对面交流容易得多，但是在其他条件相等的情况下，通过面对面的交流比通过媒体渠道更易于引起并集中注意力。这也是使用传统媒体的优势所在。

（8）满足专门需要。大众媒体满足社会的一般需要迅速而有效，然而在满足特殊、专门需要上则较差；电子媒体甚至没有面对面传播更有效。一些以说服、教育为目的的活动都力图把大众媒体同个人的渠道结合起来，使其互相加强，互为补充。

以上是施拉姆在《传播学概论》里提出的认识和分析媒体的视角，这些原则同样适用于认识现代教学媒体。

三、高等职业智慧课堂教学设计

（一）智慧课堂的翻转课堂教学模式

1. 电子书包支持的翻转课堂教学模式

翻转课堂通过改变传统课堂教学中知识传授与知识内化的顺序，为解决数学复习课中存在的问题提供了一条新的途径，而电子书包在此过程中可起到良好的技术支撑用。电子书包支持的翻转课堂教学模式，其特色与创新体现在以下三方面。

（1）电子书包支持的翻转课堂教学模式的构建紧紧围绕复习课存在的问题和教学需求，并将数学问题解决与翻转课堂相联系，在教学中引导学生发现问题、解决问题，具有较强的学科性。

（2）电子书包支持的翻转课堂教学模式超越以往对电子书包功能的简单介绍，从教学支持的角度，详细阐明电子书包在翻转课堂中的支持作用，促进电子书包与课堂教学融合。

（3）电子书包支持的翻转课堂教学模式在传统模式的基础上融入电子书包的技术支持，并经过两轮迭代设计进行调整和优化，具有较强的可操作性和可推广性。

2. 电子书包支持翻转课堂教学模式环节

（1）课前自学，知识梳理。在复习课前，教师针对复习的重、难点制作相应的微课（每段不超过10分钟），并发布到电子书包平台上。同时，教师根据复习的知识点发布相应的习题，习题的设置要充分考虑学生已有的认知结构，合理地设计习题的数量和难度。学生自主学习微课，完成相应习题，并根据电子书包的反馈情况在平台上撰写错题反思，也可再次选择相应的微课进行复习巩固。在上课前，教师对学生完成练习的情况进行分析，为课堂活动的设计提供指导。

（2）课中强化，个性训练。知识的获得是学生在一定情境下通过人际协作活动实现意义建构的过程。因此，教师在设计课堂活动时，应在鼓励学生自主探究，在运用所学到的知识来分析解决问题的基础上，充分调动学生的积极性，参与小组协作，协同解决问题。课中强化，个性训练具体如下。

第一，错题点评，有效教学。教师利用电子书包的统计分析功能，分析学生课前练习的得分及错题情况，总结易错题型，帮助学生明确学习目标。然后由学生自主提出问题,并通过小组活动协作解决问题。

第二,提炼方法,个性训练。教师选取共性错题详细讲解,并引导学生提炼解题方法,梳理整章知识点。然后学生利用在线测试功能在电子书包上完成系统智能推送的习题。教师随时捕捉学生学习动态,并及时加以指导。

第三,分组竞赛,巩固提升。完成个性训练后,教师发布难度递减的习题,根据个性训练成绩分层进行答题竞赛。小组长统计小组平均分汇报给教师,并进行小组点评。

第四,师生互评,课堂小结。电子书包支持的翻转课堂的评价应该是多维度、多方式的。课堂小结环节,先由学生进行自我评价,再由教师进行评价结果的统计与反馈,让学生针对不足的地方在课后进行加强和补救。

(3)课后拓展,能力提升。课后,学生利用电子书包针对课堂中存在的问题进行补救练习,并利用电子书包的资源进行拓展学习,而教师可通过对学生课内外的学习情况进行评价,为下一次教学提供参考。

(二)智慧课堂的生成性教学模式

生成性教学是指在教学过程中,学生通过与教师、学习资料的交流互动,实现意义的获得及自我主体的建构,并让教师和学习材料进入一个新境界,以超预期完成教学目标与任务的方式。随着社会的进步以及现代化教育模式的转变,构建人才覆盖性、全能人才培养型、综合素养健全型课堂成为积极应对社会发展要求的重要选择。但在实际教学过程中,学校和教师往往将课程重点局限在应试教育背景下课堂知识的死记硬背以及传统固化的教学模式中,学生的主体地位得不到尊重,学生的主观能动作用得不到充分的发挥,教师和学生的个性自由都得不到充分的发展。因此,在这种教学现状中,调整教学活动,改革教学方式,由传统固化向开放创新转变,鼓励教师和学生在课堂教学中积极互动交流,充分发挥创新意识和创造思维,从而提升教学附加值。

1. 电子书包支持的生成性教学模式

由教师或其他人借助教学辅助工具,对学生加以引导和启发,使学生完成知识的生成,这个过程发生的场所,通常称之为生成场。在生成场中运行的教学生成系统是信息资源和学生逻辑思维进行碰撞的信息加工过程,即生成性教学模式的环节。

2. 电子书包支持的生成性教学模式环节

(1) 弹性预设环节。在生成性教学工作开展前,教师要针对学生实际状态、教学任务、教材等情况,进行生成性教学的弹性预设,对学生的课前学习准备提供学习资源或者学习方法等方面的指导,以帮助学生获取对知识的整体感知,推动教学工作的顺利开展。这种预设是生成性教学开展的基础,它不是固定不变的,而是弹性可变的。

(2) 交往—反馈环节。在生成性教学工作开展过程中,在教师创意思维和创新形式的作用下,创设具体情境,让学生与学生、学生与教师在具体情境中产生互动交流,学生发挥主观能动性进行自主探究,教师随时记录学生的学习状态和心理状态,以便及时作出调整和反馈。这个环节是生成性教学开展的前提,是对产生的大量、丰富的生成性信息进行记录、整合、反馈的过程。

(3) 应对—建构环节。交往—反馈环节中采集的信息,一部分转化为学生的生成知识,另一部分就需要借助教师的引导进行外化展示。应对—建构就是在生成性教学过程中,针对交往—反馈环节中学生反映出的问题或者教师记录的信息点,采取应对措施和解决方案的执行,以及时调整学生的学习状态,建构更科学的教学体系。应对与建构是生成性教学的关键,直接影响着生成性教学成果的质量好坏。

(4)生成—创造环节。生成与创造是学生在教师引导下,构建生成性知识,与已有的知识结构进行有机融合,并通过可视化的形式进行展示的过程。它是生成式教学想要达到的预期结果。

(5)评价—反思环节。评价与反思的目的在于使学生及时得到学习反馈,帮助学生改进问题,获得进步,激励学生增强学习动力。它是教学活动的重要环节,是教师改进教学方法的重要参考。

四、高等职业微格教学设计

随着教育理念的不断深入研究和科学技术手段的发展进步,逐渐形成了针对教师教学和学生学习全过程进行设计、开发、应用、管理和评价等各环节的一系列理论,并将声音、图像、文字、教学程序、教学反馈系统等融为一体,以便达到优化整个教学过程和提高教学效果的目标。这些理论和教学方法被逐渐引入教师培训过程和师范生培养阶段,以解决教育实习不足,难以快速适应课堂教学环境,对指导意见缺乏直观感受,难以进行客观的自我评价和改进等问题,通过研究者的不断努力,逐渐形成了微格教学的概念和微格教学训练法。

微格教学是在一定条件下进行学习和训练,集中解决某个特定问题的教学行为,是建立在现代教学理论和现代教育技术的基础上,借助现代的视听技术,采用可控的教学环境,对微格教学的教学模式进行设计,组织教学的实施、讨论、分析和评价,将所需训练的教学能力恰如其分地运用于课堂教学过程当中,以便培训和提高受训者的课堂教学技能。

微格教学(Micro-teaching)是一种教学方法,在中国称为"微型教学""微观教学""小型教学"等。微格教学就是把整个综合的复杂教学过程进行分解,分解后的单一技能较容易掌握,受训者对这些单一技能分别进行训练,在训练过程中,培训者用现代视听设备记录受训者的现场表现,结束后将声像记录通过回放设备进行回放,便于受训者及时接受指导、反馈和客观评价,并对自己的教学过程进行纠正和重新演练,通过不断循环反复直到熟练掌握该项技能的一种方法。本质上而言,微格教学就是一种"细化"教学,它的"微"体现在课堂容量小,持续时间短,训练技能单一,"格"表示可以将整体像划分格子一样细分,并可将教学的过程通过影像帧格方式播放。微格教学结合了教育学、心理学、系统工程、现代教育学、现代教育技术等基本理论,并借助现代化的视听技术手段,是一种可控制的微型化教学及实践训练体系。

微格教学的概念可以定义为:微格教学是利用一个可控制的实践系统,使师范生或在职教师有可能集中解决某一特定的教学行为,或在有控制的条件下进行学习。它是建立在教学理论、视听理论和技术基础上,系统培训教师教学技能的方法。

微格教学训练可以概括为:把教学的完整过程细分为微型课题,针对性地练习基本单一技能,遵守规范的标准,及时进行反馈和评估。微格教学为受训者提供了一个模拟教学环境,受训者在这个环境中可以进行教学能力训练,不但可以训练分解细化后的每一项教学技能,还可以及时获得大量的反馈和评估信息,从而切实提高自身的课堂教学能力。它是借助现代技术条件培养和训练教学能力的有效方法和手段。

第四章 高等职业教育的信息化发展

（一）微格教学的价值、意义与作用

1. 微格教学的价值

（1）技能训练方面的价值。微格教学最重要的目的之一就是训练师范生、类师范生、在职教师教学能力。微格教学改变了传统的教师培训模式，将被动接受为主的方式变为主动参与的方式，提高了课堂活跃度，激发了受训者的学习积极性，不仅提高了受训者的教学知识和理论水平，而且提高了受训者的教学能力，在受训者进行课堂教学时，能够提高课堂教学质量。作为训练教学能力的方法，微格教学相比于传统的、模拟整节课程的"教学试讲"教学实习方式，具有鲜明的特点，即目标单一、针对性强、过程简短、反馈及时和效果明显等优势。

（2）教学研究方面的价值。微格教学除了可以用于在职教师教学能力科学研究，研究者利用教学录像反馈机制，可以多次地、更加细致地对教学情境做深入研究，这比传统的靠模糊印象来开展教学研究的方式，要更加精准和高效。

不同于传统研究方法中关注思辨性、经验性、个体性的特征，微格教学更多地关注客观性、系统性、具体性，将科学方法论和现代科学技术进行了有机融合。微格教学的独特性还在于它借鉴了自然科学中的研究方法，并对其进行了延伸和发展，实现了对复杂教学活动中变化因素和训练过程的系统过程，使科学理论能够更好地指导社会实践。

2. 微格教学的意义

微格教学的价值决定了微格教学的意义，微格教学的最大意义在于培养了受训者的各项教学能力，此处的受训者主要包括师范生、类师范生、在职教师。对于师范生和类师范生，他们都可

能会走上教学岗位,为了在以后的教学活动中顺利完成教学目标,他们必须要掌握一些教学技能;对于在职教师,要不断提高自身专业水平和教学能力,就要不断开展教学研究活动,而通过微格教学训练,受训者不但能够提高运用各种教学技能的能力,还可以按照标准来规范自己的各种教学技能,并且对各种新的教学技能进行探索和研究,所以微格教学训练是师范生、类师范生掌握基本教学技能,形成综合性教学能力的重要途径,也是在职教师提高自身业务能力的重要渠道。

3. 微格教学的作用

微格教学对提高课堂教学质量和促进教学研究活动将有以下两个方面的重要作用:

一方面微格教学有利于提高课堂教学质量。现代课堂教学的研究基本都是关于教学内容和整体性教学方法的研究,评价研究分析大都是针对整个课堂教学过程,局限于宏观层面,让教学者难以更加深入了解。而微格教学则是把整体性课堂教学中的综合性技能细分为多项单一教学技能,这样有利于教学者对每项技能深入分析和研究,作出的评价更具针对性,让课堂教学研究更加深入,有利于课堂教学质量的提高。

另一方面微格教学有利于提高教学活动质量。微格教学的一大特点就是改变了传统教学的一些模式,例如,微格教学改变了传统教学中的教师讲解为主、师生互动较少的方式,而采用录像回放、及时点评等方式加强了课堂的师生互动性。此外,微格教学改变了传统的评课方式,通过录像回放,可以观察被评价对象的各种教学技能掌握和运用能力,而不仅仅是局限于知识结构、程序环节等宏观面的特征,这样不但可以提高课堂教学的质量,而且可以使得教学科研活动更具有目的性,科研目标更加精准。

微格教学既可以用于师范类和类师范类学生教学能力的培养，也可以用于在职教师的教学科研活动和教学能力的提高。要充分认识微格教学的意义，在日常的科研教学中就要充分结合微格教学的特点，将微格教学切实运用于日常的教学和科研活动中，让微格教学成为真正提高教学科研能力的手段。

（二）微格教学与传统教学的对比

以传统教师受训为例，微格教学与传统"教学试讲"方式相比，具有以下三个特点。

1. 注重单一能力训练

传统的培养教学能力的方式是"教学试讲"，这种方式强调的是培训者按照正常的整节课方式进行"试讲"，由于涉及多种教学能力的运用，往往让学习者难以找到重点。而微格教学方式，则是将这些复杂的多个教学能力和过程进行细分，每次微格教学只针对某一个细分项进行重点训练，待训练后彻底掌握这项技能后再训练下一技能，这种逐项训练的方式，便于学生明确重点的同时，更有利于教师扎实地训练和掌握各项教学能力，为最终掌握综合性的教学能力打下基础，并运用到实际教学中形成实际的教学能力。

2. 采用直观反馈形式

在训练教学能力的过程中，及时得到反馈非常重要，这能够让受训者进行必要的调整而完善自身，进而更好地训练和掌握各种教学能力。传统的"教学试讲"方式，授课者获得反馈意见的渠道只能是向听课者征求意见，由于听课者和授课者的身份角色不同，听课者反馈的意见是从自身的角度出发的，在语言表达上的确切性也要欠缺一些，这就导致授课者听到的反馈意见是间接的,指向性也要差一些。

而在微格教学中,采用的是摄像记录和录像回放方式,这样就允许授课者更直观地观察自己在教学过程中的"表现",授课者的体会也是从自身的角度出发的,而且录像记录的一言一行和一举一动,都不会有任何细节的遗漏,这就使得授课者得到的反馈更加直接,指向性更加明确,覆盖范围更加全面,得到的印象也更加深刻,改进完善的效果也更加明显。

3.经历多重角色转换

传统的"教学试讲"方式中,受训者只有两重角色,在进行理论学习和获取反馈时是学生角色,在试讲时是教师角色。但在微格教学过程中,受训学生除了以上的两重角色身份,还要对自己及小组成员的教学录像进行评价,这时又有了评价者的角色,而且学生教师评价者三重角色是不断交替变化的,例如,针对某一教学能力的训练达不到要求时,受训者就必须重新进行训练,这样又从评价者变为教师角色,在反馈阶段,又变回学生角色,这种三重角色的不断转换,可以给受训者提供多重身份体验,提高他们的兴趣,增强训练的效率。

(三)微格教学系统的应用

微格教学作为一种提高受训者教学能力的方法,自诞生以来迅速在世界范围内推广开来。在微格教学中,受训者要利用现代化的视听技术进行实践,完成录像观摩、录像回放等环节;受训者要通过录像、受训者之间的互相点评和信息反馈等环节考核,这些环节将涉及现代教育理论、教育评价理论等基础知识;而微格系统整体要完成良好的运行,还需要涉及系统控制理论。因此,只有了解教育学理论、心理学理论、系统科学理论、教学设计理

第四章 高等职业教育的信息化发展

论和现代教育技术等理论及技术，才能加深对微格教学的认识，提高运用微格教学的能力。下面将对微格教学的理论基础知识和技术基础知识进行简要的介绍。

1. 微格教学系统的应用要点

在微格教学过程中，要合理运用好已有的教育教学理论和技术，让这些成熟的教学理论指导整个微格教学。在微格教学训练时，要做到以指导教师为中心，这属于行为主义学习理论的范畴，指导教师在微格教学中都具有重要的不可替代的作用，指导教师在整个微格教学中要组织、引导、帮助受训者完成各个环节的实践，还要监控整个微格教学的进行过程，只有坚持指导教师的作用，微格教学才能按照规定的模式顺利进行。

在强调指导教师作用的同时，不能仅仅停留在这种行为主义学习理论的层面，必须注意综合运用建构主义学习理论和人本主义学习理论，即在微格教学过程中，既要承认和重视受训者作为认知主体的作用，也要尊重受训者自身的认知规律，要充分发挥教师构建自我知识经验的能力。微格教学的应用要点具体如下。

（1）掌握基本理论和技能。要明确它们的定义、结构、意义、目的、作用、功能、特点等基本知识，在这些基础上深入了解教学技能训练的步骤程序、训练中的要点等方法信息，只有从理论和实践两方面入手，受训者才能更好地形成自己的知识体系，并完成相关知识的建构和经验迁移。

（2）重视角色体验的作用。在教学中，师生都应该明确角色扮演的作用和效果，教师要按照教学内容和情境的不同让学生进行角色扮演，而学生通过角色体验加深了知识，提高了能力，而且通过角色扮演，还能改善课堂单一的教学模式，提高教学效率和教学质量。

（3）做好教学，实践。在师生都做了充分准备的情况下，实践是将理论知识转化为感性认识的关键阶段，要通过实践将知识和经验内化，通过不断的感悟，帮助教师形成自身对于各种教学技能的认知，并通过实践熟练掌握各种教学技能。同时，要结合现代教育教学理论，充分、合理地利用各种现代化视听教学设备，在为受训者提供充足的学习资源的同时，为受训者创造一个高效的交流学习环境。

2. 微格教学系统的思路

（1）微格教学模式。微格教学程序是受训者撰写细分后的微格教案—将受训者分为小组（每组7人左右）—教师指导片段—教学（10分钟左右）—指导教师和组员共同观看片段教学录像—组员讨论后相互评议，教师总结—被点评者不断改进，并重复教学直到达到目标。小组的每个成员经过以上的整个程序后，基本掌握了各种常用教学技能，从而提高他们的教学能力和教学质量。

微格教学的目标就是要培养和提高受训者的教学技能，让受训者能够掌握基本的教学技能，提高他们的教学能力。为了实现这个目标，微格教学要遵循一套严格的模式方法，具体如下：第一，将整个教学过程进行细分，细分为单项的教学技能。第二，通过相关的理论书籍对这些教学技能进行学习，学习之后要将理论和实践相结合，对每一个单项的教学技能进行逐个训练。第三，根据教学目标，结合教学过程、教学安排、所要训练的技能等合理地设计微型训练课，在每个微型训练课中主要训练某一技能，设计微型训练课的时候要注意，微型训练课只是现实中一节课的一部分，因此微型训练课的时间要短，教学内容要少，只应主要关注某一方面的内容，不要求做到面面俱到。

（2）微格教学阶段。微格教学结合了现代教学理论和现代教育技术理论,在现代化视听技术的辅助支持下,可以让受训者集中训练以解决某个特定问题,是一种在可控教学环境下培训和提高受训者课堂教学技能的教学方式。微格教学一般有以下三个阶段。

第一,课前阶段。首先,指导教师要安排受训者阅读参考书目,要让受训者通过对现代教育理论的综合分析,形成自己的认识;其次,授课教师要组织受训者进行讨论,加深和巩固相关理论基础;最后,指导教师要安排受训者观看示范课录像,并与受训者一起就课堂教学技能的各方面进行讨论。

第二,实践阶段。实践阶段体现了微格教学的特色,先是受训者进行微格片段模拟教学;然后受训者对比自身的教学录像与示范录像,对各种课堂教学技能进行探索。如何做到正确评价是能否顺利达到本阶段目标的重要保障,包含两个方面:一是小组同事要对主讲者的表现进行集体评价;二是主讲者要进行自我评价。这样从主客观两方面进行的评价更有助于主讲者认识自我和改进教学。

第三,总结阶段。在总结阶段,指导教师要根据学生在训练中的情况选择教学技能,通过与学生的讨论,帮助学生通过分析总结,寻找到符合学生自身教学特点的教学技能组合。

(3) 微格教学的特征。微格教学打破了以往教师培训的模式,将复杂的教学行为进行了细化,导入了现代学习理论、教学理论、现代教育技术理论及系统科学理论。它具备以下四个基本特征。

第一,突出学习重点。微格教学采用微型课堂的形式开展,课堂集中于人数少的学生的一两个技能的强化教学,这种集中化的教学方式一定程度上强化了学生的实操技能,突出了重点。

第二,融合理论与实践。理论教学的目的在于更好地指导社会实践,而微格教学的教学方式使晦涩难懂的理论知识与社会实践进行了更深层次的融合，这种方式可以有效提升学生的学习兴趣和教学质量。

第三，直观反馈信息。微格教学中巧妙地利用了现代信息技术，通过技术手段辅助，对学生的日常学习表现进行记录，使教学信息反馈更为直观、立体，以便教师能够及时调整教学方法。

第四，尊重学生地位。学生是教学活动的主体，教师是教学活动的主导者，教学活动的这个基本准则在微格教学中同样得到了很好的体现。

（4）微格教学的创新。微格教学模式规定了微格教学的步骤、训练小组的分组要求、设备要求等，这样固然可以规范微格教学的标准，保证教学质量，但同时教师和受训者都遵循这个模式规定，就必然缺少方式方法上的灵活变化，按照这样的方式进行的微格教学活动，得到的效果并不令人满意。因此，在遵循微格教学的相关规范的同时，应该有灵活的变通，打破这些固有的模式，对各种教学方式和方法进行变化与创新，采用多样化的方式方法，研究各种多媒体设备的革新运用方式，以求更好的教学效果。在微格教学方法变化和创新上，应注意以下三个方面。

第一，以学生为中心。遵循现代教育技术的基本指导思想，要以学生需求为中心，发挥学生的积极性和主动性，这就要求指导教师在课前要充分向学生讲解微格教学的概念、特点、实践程序等，要让学生认识到微格教学在培养和提高教学方面的必要性，这样学生才能做好充分的心理准备，并在实践中体现积极主动性。

第二，因人因材施教。要充分考虑到不同受训者的不同特点，针对受训者在微格教学过程中的不同表现和特点，才能因人而异，因材施教。

第三，关注每个环节。要结合教学目标、内容、受训者特点来决定教学活动的各个环节。在微格教学的各个环节中，要注意

第四章 高等职业教育的信息化发展

各种方法的结合使用,或者可以将原有的一些程序步骤交叉颠倒,例如,在观摩录像环节,不要单纯让受训者观看录像,指导教师可以与他们进行讨论,并进行分析讲解;在评估反馈环节,可以将播放录像和评价分析这两个步骤互换,可以减少受训者的枯燥感,激发受训者的兴趣,加深受训者学习印象。

总之,微格教学方式方法的创新要充分结合传统教学和现代教学的理论与手段,并尽量做到方式方法的多样化,通过不断探索研究,力求整体上提高教学活动、教学效果和教学质量。

3. 微格教学系统的操作环节

微格教学的最主要功能是可以让受训者进行技能训练。微格教学的典型程序包括示范教学、观摩教学和教学实况转播与录像等多个环节,为方便操作,特将具体环节和相应的要求归纳如下。

理论学习环节,因为微格教学中进行的是片段教学训练,所以最先要做的是将一个完整的教学过程进行片段细分,在进行划分和后续编写微型课教案的过程中要涉及一定的教育学理论、各种技能理论,还要结合教学目标、学习者特点等综合考虑,因此受训者要先掌握一定的理论基础才能为后续的各个阶段工作打下坚实的基础,本环节主要完成的就是理论学习和研究。

观摩讨论环节,为了让受训者在实际训练前明确训练的目标和要求,指导教师要向受训者播放专家和教师的优秀示范录像,播放后指导教师要带领受训者小组进行探讨,通过观看录像和探讨,受训者要明确所要训练的技能和其他一些要求。

编写微型课教案环节,微格教学是把课堂教学的整个过程分解为不同的片段,在每个片段中进行单项教学技能的训练,在受训者明确了需要训练的技能后,他们就要选择合适的教学内容进行片段教学,此时受训者要根据事先设定的教学目标来进行教学设计，并写出较详细的教案。所编写的微型课教案与传统意义上的教学教案不同，要有自身的特点，一是在时间上必须要简短；二是在细节上的不同，例如，微型课教案要有明确的教学目标，要标明每一个教学行为对应的教学技能，预先判断学生学习行为和对策、教学过程的时间分配等细节信息。

模拟实践环节，微格课的课堂由指导教师（真实的教师）、受训者（扮演教师角色）、小组成员（扮演学生角色和点评者角色）、设备操作人员共同组成。教师角色受训者在微格实训室中进行5～10分钟的试讲，训练2种教学技能，在训练前，该受训者要先对自己试讲过程中要训练的技能进行简短说明，介绍教学内容和教学设计思路，然后开始试讲过程，在试讲过程中，要全程进行录像记录。

评价反馈环节，指导教师及受训小组全体成员共同观看某一受训者的试讲录像。进行试讲的受训者要进行检查：一是检查试讲是否达到了预期的效果和目标；二是检查所要训练的技能是否掌握。同时指导教师和受训小组成员也要根据听课和所观看录像的情况，检查试讲者是否达到了自身所述的目标，并要通过小组讨论，向试讲者提出试讲者存在的问题，给出试讲者努力的方向，因为每个小组成员都是从不同的角度出发，所以他们给出的观点和建议更客观，更能体现实际环境中不同学习者的特点。该阶段有定性评论法和定量量表法，根据情况灵活使用。

循环反复环节，讲者根据评价和反馈的结果，针对指出的问题，再修改教学设计和微型课教案，并重新进行微格教学实践，试讲后再听取小组意见和建议，再次修正和试讲，直到达到预定目标，掌握预定技能后换下一个受训者，再反复进行以上步骤。受训者不断修改微型课教案，重新实践试讲的过程就是受训者教学技能不断改进完善和提高的过程，片段教学的训练和单个教学技能的掌握为受训者将来进行真实教学奠定了坚实的基础。

第四节 高等职业教育信息化建设的未来展望

一、健全职业教育信息化建设经费的筹措和监管机制

（1）对建设信息化的多元经费筹措机制进行完善。在经费的分配中，加大对经济落后地区和中西部地区的财政投入力度，促使各级政府能够按照比例和各自的责任投入经费，国家对职业教育信息化建设经费标准方面进行规定。设立逐年增加的职业教育信息化工程专项经费。从民间团体、行业企业以及各种社会力量处吸取捐助，对社会化措施和政策性倾斜加以采用。积极推动投资融资的信息化改革，促使基金会等组织发挥各自作用，建立多元经费筹措机制，其中的结合包括学校与企业、政府与企业，通过市场来融资，政府负责投资，而学校负责筹资，使企业教育信息化在物质基础足够的情况下可持续发展。

（2）加强监管职业教育信息化建设的经费。以高效和节约为原则，加快建设财务管理信息化系统，通过管理规范的建立来保证职业教育信息化建设经费投入的有序，同时对使用经费的过程加强管理。在全国范围内统计调查职业教育信息化竞赛的需求情况，在各级财政经费预算的制定方面，需要考虑教育和财政经费的总量。必须建立统一的财政账户来容纳社会力量和行业企业的捐款。对培养队伍、开发资源、建设基础设施所需要的经费进行合理分配，严格执行政府的统一结算制度和采购程序，避免出现经费的滥用。通过建立更加严谨的审计制度，科学评估经费使用的效益性和合理性,对各自的责任进行严肃的追究。

二、健全职业教育信息化建设的监控和评价工作机制

对评估职业教育信息化建设水平的标准进行制定,在评建结合、以评促改、以评促建原则的基础上,对评估职业教育信息化建设的工作进行推进。通过研究、建立更加完善的评估体系,对各项评估标准进行制定,评估标准涵盖评价网站建设、人才队伍、远程教育、应用系统等各个方面,并在地区现代化与学校考核的内容中纳入这些评价。

建立监控职业教育信息化建设的运行机制。明确高职院校和地区信息化建设状况的审查评估主体为省级专门部门,中等职业院校信息化建设的审查评估主体为地市专门部门,各个主体会将结果报告到信息化领导小组办公室和同级教育行政部门,保证良性均衡的职业教育信息化发展得以实现。

三、借鉴国际成功经验,加快发展步伐

我们从各个国家的教育信息化发展道路的研究中获得了一些启发。

在政策制定的角度上,澳大利亚和美国为了使信息化社会发展的需求得到满足而对关注个人信息的素养更加关注,在制定政策时,往往将视角放在信息技术对个人学习的促进上;而我国则将教育信息化政策的制定视角放在教育信息化事业发展和国家信息化程度上。

在教育信息化发展政策和规划的制定方面,澳大利亚和美国会综合规划教育信息化,会考虑综合教育信息化和整体教育发展的各个因素,将其他学科和方面融入信息技术的整体规划中,综

第四章 高等职业教育的信息化发展

合性较强。另外，多种技术的采用是美国和澳大利亚教育信息化政策中比较强调的内容，不会单方面强调应用新技术。

一些国家队开放共享教育资源非常重视。美国将自己的课件开放于全世界，澳大利亚的资源共享质量较高，在资源系统间的互操作方面，制定了相应标准。这些都是我们可以借鉴的经验。

综合来看，结合教育和技术各自的优势，对职业教育资源进行有效的分配，实现跨时空共享职业教育信息资源，并对职业教育的发展进行推动是职业教育信息化的重要内容。利用多媒体等信息技术来整合现有的职业教育教学资源，丰富技能和知识的展示平台，使学习更加具有趣味性、灵活性和主动性，在不断更新学习方法和内容的同时，提升培养技能的效率与质量。利用网络的技术优势，使教育能够远程进行，打破时空的界限，将多样的教育形式的优势结合起来，向四面八方传递职业教育教学资源的精华，使学习获得更高的开放性，这样能够促进就业导向职业教育的发展。自主性和个性化学习也会在现代化与信息化远程职业教育手段的运行中得到推动，有利于树立人民终身学习的观念。除了在校全日制学生之外，职业院校信息化教学的对象还包括社会上愿意学习的各个主体和远程的学员。这是职业院校信息化投入产出比提升、大规模职业教育的实现和高质量职业教育服务实现的前提。

第五章 高等职业教育的可持续发展

第一节 高等职业教育可持续发展的理念解读

一、遵循导向性理念

高等职业教育可持续发展的研究与实践必须以习近平新时代中国特色社会主义思想为指导,运用全新的理念、思维、理论辨析高等职业教育发展过程中所面临的困难和问题,使高等职业教育的可持续发展具有鲜明的导向性,遵循高等职业教育的发展规律。

二、遵循持续性理念

持续性是高等职业教育可持续发展的应有之意和根本的发展状态,是高等职业教育发展的本质要求,离开持续性高等职业教育将会变得功利性、阶段性,甚至是碎片化。这里的持续性主要包括以下三个方面。

一是人才培养对象发展的可持续性,人才培养对象即我们培养的学生。通过高等职业教育培养的学生应当是可持续发展的,尤其是就业或者升学后，自身的发展能力是可持续的，必须具有不断完善自身、不断更新知识、不断提升技能的能力。

二是教育教学质量提升的可持续性，教育教学质量是衡量一切教育类型良莠的基本前提，高等职业教育的办学过程必须以高质量为前提，那么就需要国家和办学主体在国家法律层面和院校办学制度方面形成统一持续提升教育教学质量的机制，使高质量的教育教学持续提升成为可能。

三是促进经济社会发展的可持续性，经济社会的持续发展对高技能人才的需求必将不断增加，这就需要高等职业教育的人才培养要与经济社会的发展相衔接，必须持续地跟上经济社会发展的内在要求，调整高等职业教育的办学目标以适应持续发展的要求。

三、遵循责任性理念

高等职业教育肩负着我国数以千万计的高素质技能型专门人才的培养的历史使命，经济社会的发展离不开高等职业教育，同时高等职业教育也必须承担自身对经济社会发展不可推卸的历史责任，因此责任必须明确，也必须承担。这里主要包括三方面的责任。

一是对学生和家长负责。学生是高等教育直接服务和培养的对象，所有的教育内容和环节都是为了学生的发展而精心设计。学生和家长对高等职业教育是否满意是最直接的评价和反馈。

二是对用人单位负责。企事业等用人单位是学生的服务对象，也是高等职业教育人才培养规格、岗位确定的重要依据，离开用人单位的参与，高等职业教育就无法体现"职业"属性，培养的学生就无法准确定位，要想培养的人才符合用人单位的用人标准和需求就必须对用人单位负责。

三是对社会负责。高素质技能型专门人才是高等职业教育培养的人才目标，是社会发展急需的人才，为了推动社会的不断发展和进步，必须认真完成高等职业教育的历史使命。

第二节　高等职业教育可持续发展的体系构建

一、现代职业教育体系建设的出发点

关于现代职业教育体系的内涵，现代职业教育体系的构建方法，学术界有不同的看法，也有不同的建议。对此《教育规划纲要》有明确的表述，概括而言就是："两个适应""两个满足""一个体现"和"一个协调"。

第一，职业教育和经济发展方式的转变相适应。在各种教育类型中，和经济发展关系最密切、联系最直接的，就是职业教育。也正因如此，有人提出职业教育本身就具有一定的经济性，我们深抓职业教育就是深抓经济。构建职业教育体系，我们需要立足经济发展方式的转变，从中寻找最佳方案。自从我国实施了改革开放政策，我国的经济体制已经从过去高度集中的计划经济体制逐渐转向了社会主义市场经济体制，然而在经济发展方式上，目前，我国的大部分地区以及大部分的产业，都还是以粗放型的发展模式为主，即消耗高、投入高的发展模式，这也导致了我国的资源消耗越来越大，所面临的环境压力也疾速增加。基于这些原因，党的十九大明确提出："增强改革创新本领，保持锐意进取的精神风貌，善于结合实际创造性推动工作，善于运用互联网技

第五章 高等职业教育的可持续发展

术和信息化手段开展工作。"在对经济发展方式进行转变的过程中,核心的问题就是对发展观念以及发展目标进行调整转变。我们要对过去的发展方式,即以外向型经济为主和对于投资过度依赖的方式进行转变,对于高新技术产业、绿色产业、新材料、新能源产业等,要进行大力发展,不论是在人与社会方面,还是人与自然方面,都要尽可能地实现和谐发展。与此相适应,职业教育的建设也要和这些行业的发展需求相适应,如高新技术产业、先进制造业、现代服务业、绿色农业等,都提出了新的发展要求,在专业设置、培养模式、教学内容等方面,要主动进行改革,使之适应性得到提升,让整个职业教育体系的结构、内容层次都能对此进行充分的展现。

第二,职业教育和产业结构的调整需求相适应。在现代生产力不断发展进步的过程中,对产业结构进行调整升级是必然的,这也符合科学技术的发展需求。过去,生产力水平比较低,农业是社会发展的主导力量,因此当时的主要产业就是耕作;随着生产力的不断发展进步,工业化程度越来越高,在整个产业结构中,工业即第二产业所占的比重开始逐渐增加。在当下和未来的很长一段时间内,我国不仅要对工业化和城镇化进行大力推进,对先进制造业以及一些新兴战略产业要进行大力发展,还需要对现代服务业,如文化创意产业、物流、金融保险产业等进行大力发展,尤其是在经济发达的地区,发展现代服务业更是我们的重中之重,在这些地区,第三产业,即服务业,将比第二产业所占的比重更大,形成"321"的产业结构格局。因此,在构建现代职业教育体系时,我们不仅要满足第二产业所需的技能型人才需求,还要满足现代服务业发展所需的应用型人才需求,除此之外,在农业、农村领域,我们也需要对农业生产经营发展过程中管理人才的需求进行充分考虑和满足。这些都是适应高等职业教育发展的长远方向,应该积极发展，大力发展。

第三，满足人民群众在职业教育学习方面的需求。在长久的发展过程中，我国的教育培养呈现出比较严重的重理轻文现象，表现出严重的重学科轻专业，这主要是在我国传统文化的影响下形成的。虽然一直都有职业教育这种教育类型，但是却没有得到应有的"名分"，对于职业教育的重要性，也没有充分的认识。直到1980年之后，才开始频繁地提到职业教育，这个时期的职业教育已经有了一个比较统一的概念了，但事实上，政府和社会对职业教育仍然是不理解、不重视甚至有一些歧视的情况出现。

第四，随着经济社会的不断发展，对于技术型人才以及高素质的劳动者的需求逐渐增长。在我国目前的教育体系中，完成初中学业后，大部分学生将面临两个不同的教育体系：进入普通高中学习，继续深造，接受普通中学教育；进入到职业高中或者中职院校学习，接受职业教育。我国的经济社会在不断地向前发展，科学技术的发展也得到了大力推动，为了与这样的发展和进步相适应，我们的劳动人员需要掌握更高水平的技能，在素质方面需要达到的要求也逐渐提高。

第五，对终身教育这一理念进行体现展示。终身教育，不仅仅是在职业教育领域内关于"以人为本"这一理念的一种具体体现，同时，也是在生产劳动和人的全面发展等宏观层面对教育提出的要求。要想更好地对终身教育理念进行体现，在发展职业教育时，不仅要坚持对学习理论，同时还要避免只学理论；要对初始学历进行关注，同时不能忽略学历的提升和发展；对于学历教育重视的同时，对于岗位培训也要更加关注；除了要对全日制教育进行妥善安排之外，还需要对一些业余教育和培养方式进行组织和安排；除了关注初中毕业、高中毕业的应届学生这类适龄青年的学习外，对于一些中老年人的培养学习也要重视起来。

第六,确保中等职业教育和高等职业教育的发展相协调。中高等职业教育的协调发展,对我国的职业教育起点进行了限制,即在初中之后开始接受职业教育,而非进入大学之后,我国的职业教育是在九年制义务教育基础上进行的。换言之,在当下,我国的职业教育重点已经不再是初等职业教育了。同时,在高等职业教育的内容设置上,应当进行丰富和拓展。为了能够和经济社会的发展需求相适应,对人的全面发展需求进行满足,未来,我国的高等职业教育发展将面临更多的可能,拥有更广阔的空间。

二、现代职业教育体系建设的特色

通过以上分析,我们可以科学、完整地对我们要探索和构建的中国特色现代职业教育体系作如下界定。

首先,现代职业教育体系应该是一个独立的体系。现代职业教育体系作为一个独立的体系,主要包含两层含义:①作为一种独立的国民教育类型,它的教育理念和培养方法应当是自主的。换言之,职业教育应该独立于普通教育而存在,国家应当将之与普通教育并行推进、协调发展。一般而言,整个国民教育体系应从普及九年制义务教育后开始分流,根据国民经济结构、经济发展状况、科学技术水平和产业分类情况从而进行分类设计。职业教育的基本特征是校企合作办学、工学结合育人,职业素养与职业技能并重,着力培养具有鲜明的职业意识、崇高的职业理想、严明的职业纪律、良好的职业良心和优良的职业习惯的高素质、高技能、应用型人才。②作为一种独立的教育管理对象,它的管理体制与评价标准应当是自足的。简言之,职业教育体系内的管理模式和建设成果能够为全社会所认同。现实的情况是:在劳动人事部门的序列中,一般只有专科、本科,而社会上相当一部分人连职高与高职也分不清，或者说高职相当于大专，这就很难使职业教育具有真正的生命力和可持续发展能力。

其次，现代职业教育体系应该是一个多元的体系。现代职业教育在功能定位上既是一种学历教育，也是一种培训教育。作为一种学历教育，它主要满足职业教育体系内部和普通高中教育学生对于提升学历层次、实现更高素质和能力拓展的需要；作为一种培训教育，它主要满足企业新进人员对于岗前专业技能适应和企业文化内涵理解以及社会在岗人员对于顺应产品技术更新和行业发展趋势的能力提升需求。在具体办学形式上，它既可以是全日制教育，也可以是非全日制教育；既有面向适龄青年的教育，也有满足人民群众追求可持续发展、实现终身学习的教育；既有人才培养工作，也有科学研究和社会服务的功能。

再次，现代职业教育体系应该是一个开放的体系。现代职业教育体系的开放性，主要表现在以下方面：①学制学历设计灵活多样，没有终点、只有过程。既有短期培训的班次，又有长期学习的课程，能够适应不同层次的学习发展需要，满足人们对于终身学习的个性追求。适应不同阶段、不同地区、不同行业发展的要求。职业教育应该有中等、高等不同层次，在高等职业教育阶段有专科和本科层次。随着职业发展和技术进步，应该有职业领域的专业硕士、博士乃至博士后。②专业设置和教育内容与经济社会发展保持同步。有什么样的新兴产业和新生职业，学校就应该发展相对应的职业教育，以行业兼职教师和"双师型"教师为主体的教学队伍更能将最新的知识和信息传授于学生。③教育对象和培养人群向全社会人员开放，不论生源性质、不受地域限制、不问教育背景，只要有需求，都可以参加学习和培训，都可以使之提升职业素养与专业技能。

最后，现代职业教育体系应该是一个协调的体系。协调体系，

第五章 高等职业教育的可持续发展

主要是中等职业教育与高等职业教育相协调,这种协调主要是表现在专业设置、课程体系、教材建设、教学过程、招生考试、教师培养、评价方式、行业参与等方面,通过培训达到在职业意识、能力和纪律方面的最佳状态,避免学生走弯路,造成人力资源和教育资源的浪费。除此之外,这个体系也应该是一个职业教育和普通教育协调发展的体系,能够通过一定的渠道相互衔接,构建起两种教育类型之间的"立交桥"。

三、高等职业院校在现代职业教育体系构建中的作用

在我国,高等职业教育不仅是高等教育中十分重要的环节,更是职业教育中不可或缺的部分。我国的高等职业院校建设已经有了几十年的历史了,在其发展改革的过程中,已经积累了一定的办学实力,同时,在教学模式的设置上,也能够看出我国在高技能、高素质、应用型人才培养方面所下的功夫,各个院校的教学模式和内容设置都与人才培养需求相符合,在我国现代职业教育体系建设发展过程中,高等职业院校将发挥重要作用,主要表现为以下几方面。

第一,带头作用。不论是办学条件、师资力量,还是管理水平、管理理念,抑或是在对外合作发展机制方面,我国的高等职业院校相比中等职业院校而言,层次都更高一些,办学实力也更强一些,在社会影响力以及社会声誉方面,更是远超中职院校。所以,我们在构建现代职业教育体系时,一定要充分发挥高职院校的带头作用,如在教材建设、课程体系、专业设置、师资培养、招生考试等方面,特别是在职教集团的建立、对中职院校的建设发展进行带动以及和行业企业的合作加强方面,其带头作用更应当被充分重视和发挥。

第二，主体作用。在现代职业教育体系中，高职院校应当是其中的主体力量。一方面在整个职业教育的发展过程中，在主体所能发挥的作用方面，高职院校具有更大的影响力；另一方面在高等教育和职业教育"立交桥"构建的改革和实践过程中，高职教育的发展可能性和前景更加广泛。特别需要重视的一点是，经济社会一直在持续不断地发展，科技和生产力也在不断地进步，现代产业结构的升级进一步加快，越来越多的新技术、新工艺、新材料开始出现和应用，传统加工业将逐渐被替代或者发生改变，出现了很多的新兴产业，而现代服务业的发展速度也进一步加快，并逐渐超越第二产业，成为未来我国国民经济结构中当仁不让的主体。我们可以预测到，未来，职业教育的起点将越来越高，基点也会得到提升，同时还将出现层次提高等情况，因此，不论是在数量上，还是在实力上，高等职业教育都会处于主体地位，成为主导力量。

第三，引领作用。在建设现代职业教育体系的过程中，高职院校将充分发挥引领作用。主要包括三个方面：①在职业教育的理念和模式改革过程中，高职院校都应起到引领作用，走在前列，包括教育理念的革新、教育思想的转变、人才培养模式的变革、办学模式的改进等。②在专业相关的内容变革中，高职院校应当对自身的引领作用进行充分发挥，如课程体系的改革、专业设置的调整、教材建设的创新、教学内容的设置等。③相对而言，职业教育这一体系是比较独立的，因此要对层次进行进一步提升和发展，使其适应社会的发展需求。除了本科这一层次之外，还需要对专业硕士这一层次的教育进行发展推动。在这一方面的建设中，高职院校也要充分发挥引领作用。在这一点中，北京、天津、上海、浙江、江苏、广东等经济比较发达的省市，已经在一些专业领域进行了先行实践和探索，如金融、计算机、国际护理、物流等专业领域,这些省市都已经开始对四年制的高职教育进行创新实践和研究,未来,这也是我国需要重点关注的内容和方向。

第三节 高等职业教育师资队伍的可持续发展

高职教育的目标就是对生产、服务、管理、建设等高素质技能型人才进行培养,它有利于促进中国特色社会主义的建设,对中国实现人力资源强国的转变产生了积极的推动作用。高职院校的可持续发展是指在高职院校教育中融入可持续发展的理念和思想。可持续发展理念也是促进高职教育强大的一个核心理念,这必然需要从人的需求出发才能实现其可持续发展。

对人的发展进行全面协调,不仅要体现人的价值,还要促进其身心健康发展,确保发展的活力和生命力。具体而言,人的可持续发展离不开教育的作用,如此才能促进人综合素质的不断提升,将人的价值和潜能充分地挖掘出来,实现自我超越和自我创造,确保生命力。人的可持续发展是一个伴随终生的连续不断的发展过程,表现为人的思想观念的变革、素质技能的递升、内在潜力的激发和创造能力的激活,在适应当代社会需要的同时,为适应社会未来发展奠定牢固的基础。这种人的可持续发展既是围绕这一教育类型的人才规格、经济社会建设第一线人才的成长成才展开的,也是围绕开展这一教育类型的教师队伍的建设而展开的。

一、调整建设思路,强化科学管理

高职院校应以人力资源的开发与利用取代传统的人事管理办法,激活生产力基本要素中最为活跃的因素,同时实行以人为本的科学管理，注重人文关怀，构建和谐校园，促进人的全面发展。这就要求：在对教师工作的评价上，突出对"人"的评价，主要应看教师的积极性是否被充分调动和发挥出来；改变过去偏重对教学、科研、社会服务最终结果的考核，处理好"人"与"事"的关系；进一步突出人本管理，注重教职工权益的保障。

二、注重教师内部培养

采用外部引进还是内部培养一直是高职院校师资队伍建设中一个最具争议的问题。

外部引进和外科手术非常类似，具有"鲶鱼效应"，产生的效果也非常显著，如可以快速地转变师资队伍的结构，从而更好地适应师资结构调整的需求；有利于人才的快速引进，形成竞争机制。但是这种方式受外部条件的影响较为明显，其操作性较差。随意地采用外部引进的方式，会对原有师资队伍造成冲击，不利于内聚力的形成，阻碍协调发展的需要，还可能导致引入的人才和学校环境不相适应，不利于学校人文环境的打造。因此，为了有效促进师资结构的优化，就需要加大力度开展内部培养。

内部培养是一种多形式、多渠道培养教职工综合素质的方式。在实施中要进行合理的规划和评价，给予必要的资金支持，如此才有利于人力资本的形成，并更好地为院校的教育、教学以及科研工作提供必要的服务。在优化师资结构上可以采取专业带头人培育工程、兼职教师聘用工程、骨干教师队伍建设工程以及创新人才培养工程等方式进行，可以让在岗教师积极地进行在职硕士博士学位攻读。加强校内培养和培训工作的力度，采用定期和不定期讲座结合的方式，提升教师的综合素质。加强教师的实践技能培训，积极地鼓励教师参与到企业实践中，从而提升教师的业务技能。此外，还可以为教师提供国外短期培训机会，让教师接触到国外先进的教学理念和了解更广阔的教学资讯，增加自身的新技能和新知识，这样也有利于教师开拓精神和创新意识的培养。整体而言，一切都是为了打造一支高素质、高技能的高职师资队伍。

三、外部引进人才

为了适应未来高职教育人才培养的需求，并符合其开放性和职业性的师资队伍建设目标，需要加强高职教师的专业性和工匠精神培养。当然对内部培养的重视并非是对外部引进的否定。在优化高职院校师资结构方面，最有效、最直接的方式就是人才引进。人才引进在改善师资结构不合理和队伍数量不足的问题上有着显著的作用。现在很多高职院校对人才引进都比较重视，但是实践上却往往以学历而言明问题。这也是由教育观念混淆所造成的，对高职院校和普通高等教育之间的差异没有进行准确把握。高职教育所需要的人才并非只追求高学历。若是只对学历高的教师进行引进，则无法满足高端技能人才的培养需求。因此在人才引进上要注意对人才专业技能和实践经验的关注，并且还要对本地区和本单位有所了解，如此才能有效地完善队伍结构，并加强校企之间的合作和沟通，实现高端技能人才的培养目标。

四、深化人事制度改革，优化配置教师队伍

适应岗位要求是高职院校师资优化配置的首要目标，在人力资源的优化配置上也要将岗位放在第一位。这就需要对现在的编制管理模式予以改革，加强教师和学校之间的劳动关系，还应该结合择优聘用、合同管理以及公开招聘等各种"流动编制"的方式来促进教师资源的有效开发和加强管理模式的改革。以长远的

眼光来看，高职院校师资队伍的建设也应该充分发挥社会统筹规划的作用，加强各个院校的管理，以教师聘任制的方式来体现学校用人的自主权，从而按需求来进行教师资源的优化，以确保高职院校师资队伍的活力和生命力。

第四节　高等职业教育校企合作的可持续发展

一、校企合作概述

我国对于"校企合作"一词有着不同的表述，如产学合作、工学结合、产学研合作、校企合作等。目前，我国教育界和企业界主要有两种形式的校企合作：高等院校及科研机构与企业的合作；职业教育与企业的合作，包括高职、中职，以及其他各种职业培训机构与企业的合作。高等教育中的产学研合作有广义和狭义之分。广义的产学研合作是指以高校、科研机构和企业为主体，以政府、金融机构和中介机构等为辅助体，在市场经济条件下，按照一定的规则形成某种联盟进行研发合作，不断进行知识的消化、传递和转移，创造某种未知的需求和价值，以实现技术创新、社会服务、人才培养、产业发展和经济进步等功能；狭义的产学研合作指的是高校及科研机构与企业之间在人才培养、科研和生产等方面的合作。

职业教育与企业的合作也有广义和狭义之分。广义的职业教育校企合作指所有与职业教育相关的各类教育机构、培训机构与企事业单位的各种层次、各种方式的合作。狭义的职业教育校企合作是一种以提升学生的综合能力和就业竞争力为重点，利用学

第五章　高等职业教育的可持续发展

校和企业两种不同的教育环境和资源,通过课堂教学和学生参与实际工作的有机结合,来培养适合不同用人单位需要的应用型人才的教育模式。其基本原则是产学合作,双向参与;实施的途径和方法是工学结合、定岗实践;要达到的目标是全面提高学生素质,适应市场经济发展对人才的需要。

(一)校企合作的重要意义

对教育和经济、科技的结合以及促进人力资源向人力资本转变而言,职业教育都发挥了不可忽视的作用。

第一,校企合作是职业院校与企业双方共同发展的需要。由于世界经济一体化的深入发展,不论是学校还是企业,都需要不断地强化其实力,这样才能适应日益激烈的国际竞争环境,而通过校企合作,能够有效地提供学校和企业的竞争实力,因此这也是一个行之有效的方式。校企合作对于强化国内职业教育的办学实力而言具有积极的推动作用,并能够让师资和经费问题得以有效的缓解。

第二,校企合作是建设职业教育体系的基石。完整的职业教育体系包括的内容非常广泛,既有学历教育也有非学历教育,既有岗前教育也有岗后教育,既有脱产教育也有非脱产教育,同时还分为普通教育和成人教育等,这也是开放式社会化终身教育网络建设的重要方面。在社会经济不断发展的前提下,终身教育网络包括的内容将得到不断的丰富,所以也要充分发挥社会、学校、企业以及行业等各个组成部分的优势和作用,强化教育网络体系的建设。

第三,校企合作是职业院校专业发展的需要。社会发展需要职业院校必须具备专业现代化的特征,这就要求职业院校在制定专业现代化的教学计划时能够对传统的决策水平予以突破,并综合院校内外部的优势条件来进行。因此,必须吸收产业管理机构、企业行业协会、人力资源培训部门、生产管理第一线的专家参与,对经济及科技发展形势、专业发展趋势及就业形势等进行分析研究,与学校一起对专业培养目标、专业岗位知识要求、专业技能要求等进行论证,作出决策。

第四,校企合作有利于优化职业道德教育。职业道德教育是职业院校德育工作的重要组成部分。可以积极地鼓励学生参与到现代化企业中,对中国改革开放所取得的成就进行亲身的体验,并通过岗位实践来培养其良好的工作习惯和职业道德;教师还要注重自身所产生的模范作用,培养学生爱岗敬业、艰苦奋斗的精神。

(二)校企合作的一般形式

(1)建立校企联动机制。校企合作的关键是寻找联动的结合点,否则难以形成合作。校企都有实施教育的条件和愿望,这为校企合作铺平了道路,为校企合作教学模式的引入扫清了障碍。对高校和企业而言,发展是关注的焦点。因此,校企合作的逻辑起点应该是发展。高校的发展主要体现在人才培养上,企业的发展需要人才。因此,人才是校企合作的结合点。要让高校与企业围绕人才培养开展合作,就应该建立有效的校企联动机制,包括校企合作的管理制度与运行模式,建立起以现代信息技术为依托的网络交流平台,畅通信息沟通渠道。

(2)规范校企管理模式。高校与企业双方合作或多方合作,必须以合同或协议的形式建立起具有约束力的办学关系,明确合作各方的责任和义务,保证合作的规范性与有效性。同时,应该高度尊重教育教学规则、大学生的特点以及企业的实际需要,建

第五章 高等职业教育的可持续发展

立起以高校为主,企业参与的教学管理制度,高校与企业共同商议并决定教学相关事宜,恰当安排教学各个环节,保证校企合作质量,做到规范性和灵活性的完美结合。在办学实践中,实行项目管理,即由高校教育主管部门与企业负责人共同组成项目管理小组,共同研究并制订人才培养计划、管理制度等,在具体的教学实施过程中,校企双方紧密合作,及时掌握教学情况。

(3)合理设置培养目标与教学计划。高等教育要培养适应生产、建设、服务、管理需要的、德才兼备的应用型高级专门人才。为了实现这一人才培养目标,需要制订一个较高层次的以技术应用能力为主线的人才培养方案,构建起科学合理的课程体系,确定因材施教和学以致用的教学内容,开展与专业就业岗位相关的实践教学环节。因此,高校需要转变传统普通的高等教育教学的人才培养模式,建立起"学历+技能"的专业理论课程和技能培训相结合的课程体系。

二、高职院校校企合作可持续发展的思路

(一)形成持续创新的发展态势

持续就是延续和继续,创新就是以新思维、新发明和新描述为特征的一种概念化过程。那么,持续创新,顾名思义就是持续永久拓展的新思维、新想法。在校企合作中,这种持续创新主要体现在两个方面:一是创立校企合作机制;二是创新校企合作模式。

1. 创立校企合作机制

(1)创立校企合作保障机制。政府主导是校企合作开展的前提和基础。首先,政府为校企合作提供了法律法规和操作依据,并对校企合作中的各方权利和职责予以明确,有利于校企合作的

深入开展,并为其持续发展提供了环境和条件;其次,政府出台的相关政策也保障了校企合作的人力资源,如职业资格制度和职业资格体系的建立等都促进了人才的流动,为学校开展"双师型"教师队伍建设提供了便利条件;最后,专门机构的培育以及牵头作用的发挥都需要得到政府的支持,这样才能实现校企的深入合作,同时政府还要进行权威信息的发布、育人标准的制定等,促进社会资源的共建共享。而且校企合作的评价监督机制、激励约束机制的建立也需要依据一定的法规政策来进行,这样才能更好地对其合作行为进行规范,确保双方的权益不被损害,可以充分发挥宣传的作用来获得更多的社会支持和认同。

(2)创新校企合作运行机制。目前而言,学校是推动校企合作的核心力量,需要充分发挥其作用和优势。首先,要加强开放性教学体系的构建。在专业设置上要考虑和当地产业与岗位需求的衔接性,要结合理论和实践,注重课堂教学和实践实习、校园文化和企业文化的结合等,以便人才培养目标和社会发展需求相符。其次,为了促进校企合作的深入发展,需要加强校企合作评估体系的构建,并能够作为上级部门的评估依据,制订校企合作的发展计划。最后,要强化校企合作服务体系的建设,在人力和资金上给予必要的支持,以促进校企合作的长远发展。为此,就需要充分发挥社会、学校企业以及政府等各个方面的力量。

(3)构建校企合作内部能动机制。一是要在共同目标的作用下加强校企合作部门能动性的发挥。在服务区域经济目标的驱动下紧密联合学校和企业、政府,充分发挥其主观能动性。二是加强联动机制的建设。在校企合作中要采取并行联动的方式来促进资源的共享共建和人才共享等。三是加强全员终身学习机制的建设。其核心在于重视"双师型"教师队伍的建设,可以通过各种培训班和政府进行培训等方式,促进校企合作的长远发展。四是加强校企合作激励机制的建设，促进校企合作相关人员积极地参与到校企合作中，并给予相关的奖励。

2.创新校企合作模式

校企合作各方的利益会随着经济形势的变化而产生变化，为此需要不断地调整校企合作模式。校企合作在发展中也会有不同的新鲜元素加入，从而为校企合作提供不断的活力。国内的校企合作还没有固定的模式，也未形成全国性的权威模式。所以，在校企合作模式的创新中要特别注意其和中国国情是否相符。现在，虽然我国也形成了一些成功的校企合作模式，但是在创新校企合作模式上却非常困难，要充分调动各个方面的优势和力量。

第一，提高政府、高校和企业参与校企合作模式创新的认识。应积极地宣传校企合作的重要性和必要性，让企业和行业都能正确地认识到校企合作所产生的重要作用，并让学校转变对校企合作的看法，将其看成是一种长远的、能够产生回报的投资，其回报就在于为企业提供高效的人才资源，学生应以培养符合社会发展需求的人才为己任，促进国家职业教育的长远发展，逐步和国际教育并轨。

第二，加强政府支持力度。一方面，政府要对校企合作模式创新给予一定的资金支持，还可以成立专项资金来促进校企合作模式的创新；另一方面，政府要积极推广和宣传校企合作成功案例，加强其模仿和引导作用。

第三，深化校企合作的理论研究。实践要想获得成功，就需要科学的理论作为引导，校企合作模式创新也是如此。而理论研究既需要职业教育领域科研工作者的努力，也需要相关部门和学校的支持，为科研人员提供良好的外部研究条件。其一，需要合理科学的定位科研。从实际情况和需求出发，对科研的目标和方向予以确定,这需要科研人员来把握好这个方向,政府和院校只能作为支持者和引导者,这样才能确保研究方向的正确性。其二,对科研的投入力度要进一步加强。科研投入不仅是指资金上的支持,更要注重人力和物力上的支持。不但学校要投入一定的物力、人力和财力,政府也要给予一定的政策支持。其三,要合理地制定科研制度。一方面规范科研工作的开展;另一方面保障科研人员权益,激励科研人员致力校企合作的理论研究。

(二)共建多方共赢的发展局面

校企合作中的各方包括了学校、企业、政府以及学生等。这也是校企合作长远发展的核心因素,只有确保各方利益都不被侵害,才能实现共赢局面,才能有效促进校企合作的持续稳健发展。最大限度地提升学生的综合素质是学校的利益所在;获得知识和技能并顺利地走向工作岗位是学生的利益点所在,促进教育事业的长远发展并为社会经济发展提供人力支持是政府的主要工作所在,而企业则需要引进高素质人才来促进企业的可持续发展。对各方的利益点进行分析可知,其具备一定的相同之处,即校企合作的主要目标就是培养高素质的人才,并满足社会和经济的发展需求。

(1)扬长避短,优势互补。从学校和企业的角度而言,双方的共赢不仅可以确保各自的利益,也是校企合作开展的基础。一方面,学校的环境优势非常明显,为人才培养提供了良好的实验设备和条件,这也是企业的强大支持;另一方面,学校的资金、实训基地和场地较为缺乏,和企业的合作则可以有效解决这一问题。为此两者的合作能够充分发挥各自的优势,形成相互促进、相互作用的合力,不仅解决了学校实习场地不足的问题,也为企业的科研注入了新的活力,促进了科研成果的转化,确保了双方的可持续发展。

(2)立足当地经济,服务社会发展。高职院校要依据企业和市场需求来设置专业,以便培养出来的人才能更符合企业和社会发展的需要。这也是高职院校毕业生能够顺利就业的前提和保障,同时也是对社会需求人才进行培养的一个重要保障。这就需要高职院校做到:在设置专业时要根据企业和社会的发展需求来进行,并制定培养方案,加强人才培养的针对性和目的性,还可以进行自主品牌的创造,提高毕业生的竞争实力,帮助他们顺利就业;在设置专业时还要考虑到和当地产业结构特征的协调和统一,高效结合教学和科研的力量,将学校技术的优势充分地运用到当地经济发展中,并进行科研项目和技术开发,为企业排危解难,从而保障企业和学校的利益。

(3)互惠互利,多方共赢。对各方的利益进行合理分配是实现校企合作共赢的一个重要保障。首先通过校企合作,学校为企业培养了大批高素质的和企业所需人才相符的技能型人才,这可以采用"冠名班""订单培养"等方式来进行;其次政府可以制定各种政策法规,如积极参与到校企合作中的企业可以获得一定的税收减免优惠政策,促进校企合作良性循环的形成;最后企业可以借助学校的智力资源优势来进行科技成果的转化;并节省了大量的员工培养成本,为企业获得更多的利益,而学校则可以借助企业的财力资源和物力资源来促进人才培养质量的提升,并为学生的顺利就业提供条件。

(三)全面提升发展战略柔性

校企合作中战略柔性的存在是为了更好地适应目前社会发展

和经济环境的一个重要举措。战略柔性是指不能较大幅度地改变目前的一个现状,而是只能持续地进行微调。战略决定是在长期的校企合作中所形成的一个合理的人力、财力以及物力的配置情况,这是保障校企合作平稳长远发展的一个重要前提,柔性则包括了闲置资源的可利用性、潜在资源的可创造性和积累性、现有资源的灵活性等各个方面的内容,通过微调现有资源而非改变整体战略的策略就称为战略柔性。

(1)促进人才培养的超前性。"十年树木,百年树人",周期性是人才培养的一个显著特征,也是导致学校人才培养产生滞后性的一个重要原因。经济形势的时刻变化,促进了各种新兴行业的不断涌现,这需要学校在进行人才培养时注意其前瞻性要求。在校企合作中,学校在培养人才时更需要把握企业和社会发展对人才提出的新要求,做好充分的准备,以便培养出来的人才能够更好地适应企业和社会发展需要。为此,学校应该对政策、行业协会等信息进行精准的把握,并能够根据信息变化来相应地调整专业课程的设置,这样才能达到人才培养的前瞻性要求。

(2)积累和创造知识性资源。校企合作战略柔性的一个重要要求就是加强知识性资源的积累和创造。通过积累知识,能够在校企合作中更从容地解决各种突发情况,也能够让人才培养更好地适应不断变化的环境。而且通过知识积累,还能使各方有效地进行管理,并准确地寻求更适合校企合作发展的途径。所以,知识资源的积累能够提升校企双方合作的能力。当然,通过知识资源的积累,还能进行人力、物力和财力的更优配置。校企合作中,是利用学习和研究理论来实现知识资源的积累和创造的,而且高职院校是科研实力的前沿,所以在知识性资源的积累和创造中,高职院校也承担着不可推卸的责任。

（3）引导管理者学习。作为校企合作运行的主要组织者和决策者，校企合作管理者的水平和能力将对校企合作的发展和成效产生直接的影响。校企合作管理者不仅需要不断地总结经验，还需要不断地进行学习，并能够根据目前的社会环境和经济形势来调整校企合作策略，并体现出战略柔性的优势。对新知识要进行学习，加强自身知识体系的构建和知识容量的扩展，并具备一定的知识转换能力，为校企合作的稳健长远发展创造条件。学习和积累知识需要管理者自主完成，学校和企业也需要进行相关培训活动的组织和提供学习平台等。

（4）营造校企合作文化氛围。文化的一个显著特征就是群体共享性，它能够对群体的价值观念和意识起到自动调整的作用。若是没有促进校企合作开展的文化氛围，甚至创造了一个影响校企合作的文化环境，则将在很大程度上制约校企合作的顺利开展。在传统文化的重重阻碍下，校企合作的开展举步维艰，为此有必要抑制不良文化的影响，并加大力度促进实施校企合作的柔性战略。为了高效地解决这一问题，就需要结合政府、社会、学校以及企业等各方面的优势和条件，促进校企合作观念的转变，重新审视其所带来的共赢局面，并积极地探讨和研究校企合作的发展模式。同时还要求企业和学校能够创新观念，正确地认识校企合作带来的有利作用，并地将校企合作的可持续发展和自身的利益相结合，从而提高技能人才培养的质量和效率。

第六章 高等职业教育的国际化发展

第一节 国际化是中国高等职业教育发展的需求

高等职业教育的属性就决定了它本身就是一项国际性事业。它的国际性主要源于高等职业教育的产生与发展的基本动力,即推动社会经济发展的需要。

一、经济全球化

高等职业教育的全球化的主要动力因素就是经济力量的全球化。世界经济一体化必然导致经济系统的全球化。因此经济全球化导致了社会发展的两大趋势,第一是国家之间对于经济和文化的交流更加密切,第二是对人才与技术的要求越来越高,竞争也越来越大。高等职业教育也要主动适应经济全球化的挑战,参与到国际合作与竞争之中。经济因素,特别是对商业利润和经济利益的追求,成为推动高等职业教育国际化的主要动因,世界经济贸易的全球化促使高等职业教育必须培养精通国际贸易的人才。

在全球化背景下,高等职业教育在一定意义上将成为"无国界"教育,高等职业教育国际化已经从发达国家向发展中国家提供援

第六章　高等职业教育的国际化发展

助阶段进入全球范围内各国高等教育相互竞争的阶段，主要表现在国内外各种教育空间、教育形式、教育机构等的相互渗透和跨越，如师生国际流动的增加、教育机构的拓展、国际合作的多样化和远程教育的跨国发展等。在国际交流方面，教育资源的公开化与市场化，使各国的教育方式前所未有地开放，每个国家都能公平地利用全球资源来发展自己；另一方面，通过对自身教育的壮大，又可以反向支撑教育全球化进一步发展。

纵观全球的教育现状，每个国家的社会发展、经济水平和文化积累都有着本质的特征和特点，因此不管是在各国的教育资源、教育制度，还是教育软硬件、教育质量都有着不同的差异。参差不齐的教育水平对高等职业教育需求也不尽一样。而有些国家的教育整体上超出其他国家，那么留学深造、跨国办学成了一致必然的趋势。因此在高等职业教育的发展上，发达国家的高职教育已经成为一种社会产业。高职教育从社会经济生产的边缘性要素成为社会经济生产的核心性要素，因此，其必须加入国际高等职业教育大市场的角逐与竞争中。

同时，经济的合作与竞争推动着高等职业教育的国际化，世界各国高等职业教育都迫切地要变革形制、改变形象，通过提升教育质量水准，宣扬教育服务口碑，挤进全球领域的大舞台，并在国际化教育市场上占有一席之地。经济全球化的发展，迫使各国教育机构积极采取措施进行更新和变革，以适应经济发展带来的新挑战。

二、信息技术的发展

网络信息技术的开发与升级为高等职业教育走向世界、融入国际化提供了必要的基础。当前的世界正在进行着一场空前的技术革命,特别是以信息技术、网络技术、空间技术为核心的革命,这不仅促使了各国、各企业在的交流在全球范围的维度内更加紧密和便捷,也使他们在发展上可以互助互利。信息化与数字化的最大助力是将高等职业教育在空间和时间上无限制地实现互动与交流。信息技术在给高等职业教育的发展提供支撑的同时,也反过来促成各国的教育体系得以自主提升和完善,从而适应未来国际化的新形势。

信息技术与网络技术下的新型通信技术给世界上大多数国家带来许多机遇,尤其在那些教育资源匮乏或者教育师资力量不足的情况下,通过网络平台的资源共享可以弥补以上不足。这样的机遇也给市场大量的私立机构提供了扩大教育产业市场的机会。例如,国内高校招收国外自费的留学生,在国外建设分校,或者与国外相关教育培训机构联合办校,有的教育机构甚至通过网络信息平台通过远程教学、协同教学来争夺教育市场。这些都离不开信息技术手段的支撑。信息技术的发展对高等职业教育的影响也是全方位的,对高等职业教育的培养目标、人才结构、教育内容、教育方法、教育手段以及教育观念都提出了全新的要求,高等职业教育也要随着信息技术的发展而迅速发展。

随着网络技术与数字化的大发展,全球的文化、知识、技术和教育可以在时间上与空间上随时共享与交流。这种便捷的沟通与交流,是改革和提升现代化高等职业教育的先决条件。随着互联网的普及和覆盖,网络化已经逐渐深入每个家庭甚至世界每个角落,任何人都可以通过各种方式在线上远程学习,甚至足不出户就能完成学业取得学位。这一切的变化也使高等职业教育模式从过去的传统教学向虚拟教学转变成为可能。目前,几乎我国所有大学都建立了自己的网络图书馆、网络大讲坛、虚拟论坛等。

信息技术已达到网络化和数字化阶段,信息技术已成为全球化的重要源泉与动力,它对高等职业教育的冲击和随之引起的变革难以预测。信息技术不仅改变了人类的生活方式,成为人类进步和财富增长的最重要源泉,还改变了高等职业教育的观念和关系,为终身学习和学习化社会的建立奠定了物质和技术的基础。高等学校作为信息创造和传播的重要机构,必须更加开放,具有国际性,以迎接信息技术发展的挑战。

三、全球问题的解决

全球化的发展也使各国对高等职业教育现代化要求进行了更新和变革。在20世纪末,全世界人类的发展基本进入了和平共存的时期,各个国家都在和平中探求发展。在这样的大环境中,高等职业教育的全球化已成为当代教育变革与发展的必然趋势,因此在看似和平年代的世界中,各国之间民族、文化、经济、政治等领域的斗争其实很激烈。在和平与发展的国际环境中,如何更好地解决全球的共同问题,谋求全球的可持续发展是世界各国共同的愿望。

全球化所带来的问题,并不是某个国家所特有的,也不是针对某个国家,是全人类共同面对的,因此也需要全世界共同承担、调整。在这个问题上,只有全人类的团结与付出,才有机会摆脱全球危机。实现高等职业教育国际化,对于解决全球问题,保持全球的可持续发展,具有特别重要的意义和作用。

在面对全球问题时,各国需要加强合作而不是对抗,这就需充分利用高等职业教育的全球化来消除国际分歧、矛盾,最终达到理解,谋求国际合作。在全球化时代,还需要进一步化解各国之间意识形态的文化冲突,因此在世界范围内,各个国家、各区域、各类组织要不断增强对不同文化的学习,尽量对多元文化做到包容和认可。而高等职业教育恰巧可以作为人类文明的共同载体来实现不同民族、国家和交流和学习。因此，高等职业教育国家化的发展有利于多文明共荣。共同解决全球问题，促进全球的可持续发展。

四、保持民族凝聚力和国家竞争力的要求

高等职业教育国际化是保持民族凝聚力和国家竞争力的要求。高等职业教育国际化并不是要丧失民族凝聚力和国家竞争力，而是要通过高等职业教育国际化提升民族凝聚力和国家竞争力。高等职业教育的国际化与民族化并不矛盾，它们是互补的关系，任何国家的高等职业教育都具有本土性，同时也应该具有国际性。

一方面，高等职业教育全球化预示着高等职业教育"面向世界、研究他人"的基本方向，不论是民族还是个人都是在一定教育和文化背景中成长的；所以任何民族或者个人都在一种无意识的状态下不自觉地形成了一种定性思维，这也导致他们对自己认同外的观点给予无视与排斥。在当今社会，这种偏激的行为难以适应各个系统与组织，因此建立起跨文化、跨民族的教育系统十分有必要。

另一方面，"高等职业教育的自觉性"是国际化时代背景下，高等职业教育对于民族和国家的另一个观照，"是取人之长、发展自我"的世界观和人生观。不同的国家和民族需要以教育为先，通过政府导向和市场激化将世界文化与民族文化连在一起共融共长。在"教育自觉性"的这一批判和认知的过程中，可以以文化交流和融合为手段，更好地认知和理解本民族的文化和教育，如此，还有利于国家社会、经济的改革与发展。因此，现代化高等职业教育的转变其实是由"相互认知"转向"共同认知"、由"相

互对接"转向"相互补充"、由"共同生存"转向"共同创赢"。

不管现代人们对高等职业教育国际化改革或发展的事实承认与否,它都是当下社会发展既定的客观事实,无法改变。与其为了保持高等职业教育民族性、被动规避国际化,不如未雨绸缪,主动回应,力争趋利避害。高等职业教育全球化使人们可以超脱传统教学模式,突破以往时空的局限。这不仅可以让教育系统在既定的空间内进行交流和学习,还可以突破时间的约束进行研讨和研习。

高等职业教育国际化,在方式方法上要讲究理性和科学性,尤其是要讲公平、讲平等。这种公平、共享和开放的平台是国际上各高等职业教育协作与沟通的基础,要深入挖掘出每个国家的教育特色的优点和长处,并给以弘扬。在世界教育的平台上坚决反对教育霸权主义,任何国家都不可能成为世界的独者、王者和霸者。任何文化和精神在世界范畴都是公平的,必须和平共融发展。

基于文化与政治的形成规则,高等职业教育在历史的发展中,也必然会形成带有自己个性的一套教学体系,包括属于自己的语言和文化。其中,有些国家的语言和制度从属于西方或与西方类似,但这并不能说明西方的教育可以统治世界,相反,每个国家的文化和教育都有存在的科学性,因此应得到尊重。其实,中国的教育和文化内涵也是人类社会发展的一种代表。高等职业教育国际化,在思路上要注重研究东西方教育的差异,进而"明辨短长",东西方高等职业教育在许多领域都具有很强的互补性,西方高等职业教育有所长,但也有所短。高等职业教育国际化,在操作上应注重扩大高等职业教育对外开放,并正确选择国际化战略的发展目标,使本国高等职业教育快速发展。

高等职业教育的全球化和民族化可以与直角坐标系统的"X"轴和"Y"轴进行类比,这两个相位互为对立,且缺一不可。现代化高等职业教育就是要自主地去寻找自身的缺点和不足，通过对发达国家先进教育理念的对比和学习来完善自己和提升自己。高等职业教育国际化还必须紧密结合本国特定的教育实际和文化传统，在学习国外发达国家先进思想和理念时，切忌盲目照搬硬套，形成本本主义和教条主义，如此必然导致国家与政府财力、人力、物力的不必要浪费。要结合自身的实际，坚持走特色化的中国式教育。

现代化高等职业教育全球化与民族化的统一目标是致力于本国教育的现代化，使民族高等职业教育传统及其现实基础同教育现代化的过程融为一体，实现民族高等职业教育的现代转换。因此，高等教育国际化又是民族高等职业教育由传统走向现代、走向创新、走向国际的过程，是由高等职业教育国际化促使民族复兴、提升民族凝聚力和国家竞争力的过程。高等职业教育国际化要达到的最终目的是使本国的高等职业教育由弱变强、从相对落后走向比较先进、从传统走向现代。

五、高等职业教育自身的发展需求

高等职业教育自身的发展要求高等职业教育国际化。高等职业教育国际化的动力还来自高等职业教育自身。随着高等职业教育数量的增长和质量的提高，现在越来越多的国家将现代化高等职业教育作为一项国际性行为来对待，现代国家化已经被提升为高等职业教育事业的组成部分之一，高等职业教育国际化的实施已经从"国家—政府主导型"的模式逐步转变为"政府—院校协作型"和"院校协作型"的模式。

高等职业教育国际化是各国高等职业教育事业发展的内在要求，20世纪后半叶是高等职业教育飞速发展的时期，同时也是高

第六章 高等职业教育的国际化发展

等职业教育发展不平衡的时期。发达国家同发展中国家之间在进入高等职业教育国际化的机遇上、在科研水平上、在高等职业教育资源配置上的差距越来越大。总之，高等职业教育自身的发展需求主要表现如下。

（1）高等职业教育数量的增长要求高等职业教育国际化。世界各国社会发展、政治制度、文化底蕴、资源禀赋不尽相同，因此高等职业教育质量也有着高低之分，拥有良好资源与先进技术的高等职业教育可以提供更多机会，此外，作为高等职业教育的接受者，本身就享有着这份权利。高等职业教育规模的扩大、数量的增长为高等职业教育国际化提供了机会与可能。

（2）如何提高高等职业教育质量，高等化的教育体系对高等职业教育全球化也提出了更高要求。高等职业教育的质量标准是怎样的，都需要以国际的标准作为判断的依据，而不能自定标准、自以为是。现代化的高等职业教育对教学质量的提升有着绝对帮助，现代化高等职业教育教学质量的提高以及教学方式的进步，对高等职业教育体系各方面都有直接的推动作用。

（3）文化传播、知识创新一直是现代化高等职业教育首要任务，对于未知科学或者深层次学问的研究一直都是全球化、全人类共同面对的问题，现代化高等职业教育的改革需要积极地探索、发现，以推动科研创新与技术研发。高等职业教育的发展要求高等职业教育在知识和科学创新上具有国际性。衡量高等职业教育知识和科学创新的一个重要标准就是高等职业教育的国际化程度。

（4）高等职业教育资源的共享要求高等教育国际化。高等职业教育资源是一种人类共有资源，现代化高等职业教育的全球化共享可以产生两种利好效应：第一，可以让世界各国在教育资源上享受公平待遇；第二，现代化教育资源可以创新和重生。现代化高等职业教育资源并不会因为公开化与共享化导致其损耗和流失,相反,资源的共享,可以在全球范围内共同探讨和共同研发综合力量。

(5)高等职业教育发展要求通过国际化的方式来解决发展中国家的人才外流问题。高等职业教育国际化虽然在一定程度上导致了第三世界国家技术人才的外流。但是该类国家通过高等职业教育全球化,认真积极地改革自身的民族高等职业教育,使自身的高等职业教育具有国际竞争力时,有助于解决当下技术人才流失的问题,而且可以在一定程度上拉近国家之间的差距。

现代化的高等职业教育不仅可以通过资源、技术共享来解决国与国、区域与区域之间的发展差距,还可以帮助不同国家、民族文明相互了解,进而提升高等职业教育发展。

(6)现代化高等职业教育体系的均衡发展是在全球化与国际化的背景中实现的。现代化高等职业教育均衡发展实际就是各国要认清自己的实际情况,选择适合于自身教育发展的模式和道路,来处理和解决本国教育体系与国家化发展的对立与统一关系。因此,现代化高等职业教育发展,要积极融入大环境,利用自身的优势和特征参与进世界。只有这样,高等职业教育才能欣欣向荣、蓬勃发展。高等职业教育发展越来越明显的趋势是,高等职业教育国际化已经成为不可阻挡的潮流,出国留学已经成了一种趋势,以此催生了一批批跨国性教育机构;跨国协作、交流与合作频率也不断增加,世界各国的高等职业教育已经把国际化作为高等教育发展的重要战略[1]。

---

[1] 代静.高等教育管理与教学研究[M].西安:西安交通大学出版社,2017.

第二节 高等职业教育国际化发展的机遇与挑战

一、高等职业教育国际化的广度和深度

随着社会经济全球化的发展，高等职业教育教学模式也逐步有了变化，资源的国际化、信息的共享与公开化、层级的多元化等都是目前高等职业教育转变的方向。新时代全球化的高等职业教育是集教学、研究、社会服务为一体的综合性教育体系。教育的全球化特点主要在于打破国界的束缚和限制，消除跨国跨界的观念和思想，将各种资源、信息、技术在全球范围内进行共享和交流。

（一）全球化高等职业教育国际化的广度

全球高等职业教育的格局被全球化的大变革深刻塑造着，促使高等职业教育的相关资源、信息、理论、技术、科学、教研模式等在全球世界范围内传播与共享。师生角色的互质化、全球高校综合排名、跨界学习、跨界双学位、高校多级联盟、校企合作、线上教育系统等一系列的新模式都凸显了高等职业教育在全球化进程中的演变，"国际的、跨文化的与全球的"国际性思维观点已经逐步地融入社会化的大教育体系中，也强力推动着高等职业教育的进一步变革。

全球化教育实现的基础力量，主要有三个关键要素构成：第一是全球化的基本理论，第二是全球化的技术支持，第三是全球化共有的社会力量。这三种要素的相互碰撞，激发了高等职业教育全球化的发展。

国际化或全球化教育体系是整合各个国家或相关国家的资源、文化、技术等，通过互利互助形成各类教育的广度和深度。因此，对高等职业教育的认知不能止步不前，不能一直停留在过去的认知里，国与国之间的物理界限和空间界限必定是现代化教育的一道壁垒。这道壁垒阻隔了各界元素的互通与交流，也使其难以形成资源的全球化流动。因此，在未来的高等职业教育模式发展中，要清晰地认识到不存在国与国的界限。全球的文化要互通互用，文化间的交流和合作也是实践的重要表现，要努力将自身放置在全球视角上看待问题，这不仅有助于个人的成长，还对促进教育界文化发展有着重要的影响。

另外，当下教育全球化最为重要的表现特征是网络信息技术的运用。随着科技的发展、社会的变革，网络化已无可置疑地成为教育全球化的关键积极因素之一。随着信息技术与网络平台的不断更新和发展，对应的线上教育也变得多元化和富态化。全球化下的高等职业教育最注重对于人类资源的开放性和共享性，与网络平台的融合其实就是对资源的全球化共享，以促进人类整体文明的大改革。因此，现代教育所出现的开放式教育、网络线上教育、翻转课堂等都是全球化教育的表现形式。

（二）全球化高等职业教育国际化的深度

关于全球化的高等职业教育国际化的深度主要反映在以下三个方面。

第一，全球化的大时代背景下，参与国际化教育的学校和机构更为宽泛。市场、经济、技术的全球化必然导致社会物质的大

第六章 高等职业教育的国际化发展

分工和大流动,使不同的行业主体都成为全球化参与的主角,这也说明了,全球化更多的是向全球提供了机遇和机会。而不同的国家在全球化秩序中也有不同的水平和状态,尤其是本身就具有世界先进技术和科技的国家,它们在全球化的大分工中,反而会发生止步或者倒退现象。然而,正处在发展中的国家,国际化正是它们开放式发展的窗口,不仅有利于它们快速向世界领先国家看齐,还可以积极有效地与世界领先国家建立合作,使它们在国际化、全球化大的环境中全速前进。总体来看,当下全球化的高等职业教育向一种多级化的方式发展着。

第二,随着全球化的发展,高等职业教育在世界潮流的影响下有着深刻的变革与更新,极具突出的表现就是全球化人才培育。一方面经济的飞速发展与全球化有着不可分割的关系,全球化的社会大分工导致了区域劳动力的市场化。未来人民生活与工作的大环境主要受制于全球化的影响,因此为了能够更紧密地融入、适应世界,就必须在观念上和技能层次上与世界接轨。全球化的高等职业教育的层次和诉求必须将高技能、高质量、全方位、全视角的系统化教学放在主要位置。另一方面,在商业全球化的过程中,高学历、高等级、专业性的优等人才是发展的软性基础,因此知识全球化与智慧全球化也是全球市场经济高等职业教育的必然结果。总而言之,全球化教育的终极目标是通过全球资源的共享、网络信息的搭建,让全球每个人都可以公平享受免费的资源。

第三,全球化给学者和学生提供了可选择的窗口和平台,也给高等职业教育机构和学校提供了宽泛的准入条件。正是如此,全球化的演变也促成了高等职业教育涉足范围的加速扩大,这种现象的直接表现就是高等职业教育在全球范围的竞争力。例如,全球网络中师生流动化的竞争,以及跨国项目的合作与实施、国内外教育评优和分校成立等。当下,在全球化的发展中,有很多国家或区域，对高等职业教育相关机构，尤其是国内分校的建设与国外分校的扩展，都给予了高度重视。因此全球化的竞争必然导致优胜劣汰的出现，如何在这个严峻的市场中立于不败之地，最重要的就是要将自身的教研能力与教育质量进行国际化提升，在国内以及境外获得更高的口碑和影响力。

二、高等职业教育国际化带来的机遇

（一）教育理念的国际化变革

办学的观念和思路是目前高等职业教育体制的第一前提，新的教育理念就是要彻底地改变传统教育老式法则，靠创新来冲击原有高等职业教育的固执思维，并以此将中国的教育进行大变革和大转变。传统的教育理念中，教育就是事业单位一致的公职要求，完全没有全局意识和国际意识，更没有带有竞争力的危机感。如不做改变任其发展，势必与世界脱轨，落后于世界。高等职业教育国际化要求人们克服传统的保守思想和狭隘的本土观念拓展视野从全球角度出发，重新审视国际化对高等职业教育的重要性，树立起高等职业教育的全新观念。国际化不仅给高等职业教育带来了先进的思想，还给予了极大的信息资源。因此，高等职业教育的国际化实质上是给全人类提供了一个全新的开放平台或共享空间。

（二）教育制度的国际化改革

高等职业教育国际化要求人们改革传统的高等职业教育管理体制，确立高等职业教育管理社会化思想，以市场为导向转变政府和教育行政部门的职能等。伴随经济全球化的发展，高等职业

第六章 高等职业教育的国际化发展

教育的体系和模式也极具变化。而我国也要站在世界全球的高度,将高等职业教育放在世界全局的高度,在世界经济的大环境下来改变自我、探索发展。

(三)教育市场的国际化开拓

全球网络化的发展进一步促进了中国与全世界的联系。中国需要了解世界,世界同样需要了解中国。悠久的历史,深厚的文化,多种的民族构成,更使我国在世界留学生市场上有着独特优势,而汉语作为唯一母语的国家这也是绝无仅有的文化资源。当前作为世界第二大经济体,中国自身在各个方面都有着无限的发展潜力,正因为如此,世界各国都以经济发展投资的目光投向中国市场。中国有着深厚的文化底蕴,越来越多的外国人都想了解中国,也有更多的人致力研究和学习中国文化,这不仅给中国也给世界带了许多教育机会,尤其是汉语及双语的培训。

三、高等职业教育国际化的问题

(一)认识不到位,机构不健全

目前,我国有的领导、管理层、职工对国际化的理解还有误区或者偏差,甚至有的理解不足。管理者国际化素养较低,导致国际化建设规划缺乏紧迫性、前瞻性,信息化建设推进缓慢;部分教职员工的国际化素养较低,已经习惯了固有的工作模式,不愿意改变,对高等职业教育国际化建设有一定的抵制情绪,把国际化工作流程当成了额外负担,缺乏应有的积极性和主动性。所以,建设缺规划、职责不明确、关系未理顺、协调不畅通、信息素养低、缺乏专业技术人才,往往是很多普通高校继续教育信息化建设时遇到的常见问题。

（二）师资队伍国际化素养较低

当前，高等职业教育国际化建设在部分高校已经取得一定的进展，尤其在信息化基础设施建设方面成效明显，如现场面授教学，教师已经采用了多媒体形式进行电化教学，配有公共计算机机房给学生上课使用，函授教学通过学院网站、QQ群、微信平台等发布教务教学信息学习资料，但是学生通过网络教学平台自主学习，教师通过网络教学平台辅助指导还不普遍。信息技术在高职教育教学过程中的应用层次较低，"普教化"这种教育制度仍然存在，教书育人是所有学校的核心工作，而信息技术、创新人才、高素质人才培养是高等职业教育信息化建设的重要任务。但令人遗憾的是，"穿新鞋，走老路"这种社会现象还是普遍存在，虽然在当下的教育体系中，硬件设施已经有了很大提升，但是由于老师自身的原因，往往还是沿用旧有的教书模式和习惯，所以这种"丰产不丰收"的尴尬局面与教学现代化的要求很不相称，也很难满足新生代继续教育学员的学习需求[1]。

---

[1] 孙洪斌. 文化全球化研究 [M]. 成都：四川大学出版社，2009.

第六章 高等职业教育的国际化发展 <<<

第三节 高等职业教育国际化发展的主要领域

一、高等职业教育课程国际化的实现

为国内外的学生进行课程设计时,在内容上应当向国际化更加靠近,这就是"课程国际化"。在进行知识传递时,一个十分重要的媒介就是课程,这也是学校教育的一个最为核心的表现,对于学校和学生的发展而言,课程十分重要。课程的国际化,最重要的就是要培养学生的能力,使他们能够在多元化、国际化的社会工作环境中顺利生存下去。高校的课程体系设置是否科学合理,是否体现了社会发展中已有成果和变化趋势,关系到能否培养出具有合理知识结构、广阔知识面和全球视野的人才。高等职业教育不仅要向学生传授新知识,更要培养学生的全球意识,在国际的框架内讲授一门学科,使学生意识到国家间的相互联系以及一些国际问题,如低碳环保、能源的全球性等。全球化的大趋势和日益广泛的国际经济技术合作,要求学校构建起科学合理、与国际接轨的课程体系和教学内容,构建起符合高等职业教育国际化的课程体系,努力实现高等职业教育国际化的培养目标。

就实用角度而言,课程的国际化有两个方面的作用和优势:一是给那些没有到国外留学的学生提供接受国际化教育的机会;二是能够提高课程对国外留学生的吸引力,他们的参与对本国学生和教师的教学环节都大有裨益。长期以来,中国高等院校在课程体系和教育内容上,与国际先进水平存在一定的差距。中国的高等院校要适应高等职业教育国际化的需要,必须在课程结构体

系等方面作较大的改革，要从国际化培养目标要求出发，深化中国高校的专业设置和课程改革，实现课程国际化。

（一）国际性内容课程的开设

当前，经济开放程度越来越高，体现国际性内容的课程设置更为突出和重要。在高校所开设的公共基础课和文化素质修养课中，应适当增设国际性内容的课程，如国际关系、国际经济、国际问题研究、国际文化研究、国际贸易等方面的课程，以培养学生的国际眼光、开放意识及对外交往和参与国际事务的能力，使中国未来各领域人才具备融入世界的文化背景、国际社会公共价值理念及其他方面的素质。在这方面国内有些高校已经走在前列，如华中科技大学分别从德国亚琛理工大学、英国利物浦大学、英国华威大学引进了工业生产工程管理培训课程、公共行政管理课程和工程商业管理硕士学位课程等，使该校学生能接受到国际化的课程教育。

（二）各专业和课程国际性的增强

要达到开阔学生国际视野的目的，就要在现有的各个专业和课程的基础之上，多添加一些来自国际视野和角度的内容，使整个课程中国际知识、跨文化理解、比较文化所占的比例更大，这种在国际大环境中对个别领域的知识进行学习的方式，可以加强学生关于知识整体性的认识和发展。在具体的实践时，首先要做的就是对课程做好分类，对不同课程要制定出不同的国际化发展目标。其次在选择教材时，最为基础的课程就是那些能够对本国、本民族、本地区的文化、知识和技能进行反映的特色课程，以及一些意识形态方面的课程。除此之外，涉及理工农医文史哲中的任何学科,都应当使教材逐步国际化,当然这个过程应当是有步骤、有计划地进行。例如,可以在自编的教材中吸纳国外的同类教材的精华内容,也可以直接采用国外的优质原版教材,与此同时,还可以指定一些教学参考书目,如国外的教材以及相关论著等。再次在内容设置方面,要紧紧抓住科技前沿,对最新的发展成果进行关注,在课程过程中,不断更新和补充教学内容,使学生们能够及时掌握和了解相关领域的世界最新研究成果和进展。最后还要加强对西方文化的相关教学,对于民族文化的学习进一步巩固,借助这种对比性质的教学,加强学生们对关于中西方不同文化的理解和体会,在现有的课程中,充分融入国际合作的精神以及跨文化的理解等内容,充分关注那些国际上都比较重视的重大问题以及那些与此有关的学术方面的前沿问题。

(三)推行以英语为主的双语课程建设

较高的英语水平能使学生在吸收西方先进科技文化信息时没有语言障碍,能直接掌握先进的科技知识。英语的广泛使用能为中国吸引更多的外国学者和留学生,而以英语为主的双语教学使课程更好地将东西方文化融为一体。中国印发的《关于加强高等学校本科教学工作提高教学质量的若干意见》中提出:"各高校要积极推动使用英语等外语进行公共课和专业课的教学,尤其是在一些发展迅速,国际通用性、可比性强的学科以及国家发展急需的专业,直接引进先进的能反映学科发展前沿的原版教材开展双语教学。"所以在课程国际化的过程中,应根据不同学科专业的特点与人才培养要求,稳步推进双语教学。

在生物技术、信息技术、新材料技术专业等应用学科,以及法律、金融等专业的学习中,对于那些国际一流大学中使用的原版教材要积极、全面引进,对于双语教学这种形式,也要积极推广。在教材的引进过程中,并不是直接拿来使用,而是要和国内学生的实际情况以及大家的知识学习程度相结合,对教材进行一定本土化改造,使教材更加适应国内的教学,让课程能够包含国内外的基础知识以及前沿知识,并符合国际的发展趋势。重视公共外语的教学,增强学生运用外语表达和沟通的能力,为学生接受双语教学打下良好的基础。同时,有条件的高校应面向来华留学生和国内交换生开设全英语授课课程,为促进交换生、留学生等国际交流项目的开展提供条件。

(四)增设全校性选修课

有条件的高校应充分整合海外教育资源,增强校园国际化氛围,拓展学生的全球视野,开设全校选修课。例如,可以将旨在提高学生国际化视野的校级选修课分为两个系列:"全球领导力"和"前沿科技"。"全球领导力"系列以高端、宏观、能够有力提升学生的领导力的演讲(主要是人文社科类型的)为主要内容,尽量能够邀请到一些"重量级"嘉宾,如外国(前)政要、世界知名大学的校长、知名的跨国企业的总裁或者高管、重要的国际组织的负责人等。而"前沿科技"这个系列的主要内容则是学科的前沿、交叉领域,以及对最新的学术动态和成果等进行介绍的具有较高水平的学术报告等,它涵盖的领域十分广泛,既可以包括自然科学领域,也可以包括人文社会科学领域,还可以包括工程技术领域,主要邀请的嘉宾有世界上不同学科领域的知名学者、世界上著名的学术大奖的获得者等。

第六章 高等职业教育的国际化发展 <<<

(五)建立国际化课程质量监控制度

现在,我国在高等职业教育的课程质量的监控制度方面还有所缺失,这不仅使得我国出现了很多关于教育质量的纠纷,对国际上的关于我国的高等职业教育的总体质量的认可度也有一定负面影响。要想使中国的高校在课程质量方面与国际接轨,达到国际水平,与国际能够接轨的对教育质量进行认证的制度一定要建立起来。除此之外,中国的教育市场正在逐步对外开放,在我国的教育领域中,将会慢慢出现更多来自国外的教育第三方的监督评价服务机构。如果未来我国还是没有制定完善相关的质量监控标准的制度,那么就不得不按照高等职业教育强国制定的标准来进行了。因此,在高等职业教育方面建立起对课程质量监控的国际化制度迫在眉睫,必然要做。

目前,要充分考察和了解中国的高等职业教育质量现状,并在此基础之上,建立起符合国际化标准的质量监控体系,对高等院校教育的全过程进行质量管理的认证,使教育质量管理机构规范化、管理程序规范化、管理过程规范化以及质量评估和持续改进规范化。"全国高等职业教育质量保证和认证中心"的建立,可以使国内的各个质量认证和保证机构得到有效的沟通交流,为他们提供良好的平台,同时,在INAQQHE(高等教育质量保证机构国际网络)中,也要积极参与,要把中国在质量认证和保证方面的相关信息和消息向全世界通告发布,要加强和其他国家的相关质量认证和保证机构之间交流和沟通,使双方更加信任,加强合作,切实提升和推动中国的高等职业教育的课程质量的改革。还可以聘请国外著名高校的资深学者担任评审,定期来国内考察,实施课程的校外评审制度,这不仅有利于保证课程内容的质量、增强考试成绩与国外著名高校的可比性,而且还有利于发现自身在监控课程质量标准上存在的问题。

二、高校学生培养国际化的实现

鼓励中国学生到国外去留学,以及吸收外国留学生到中国学习,是高等职业教育国际化的主要表现形式,也是高等职业教育国际化中最活跃的方面。中国是世界最大留学生派出国之一,学生培养国际化的主要方式是派遣学生出国学习,这与中国的国情密切相关。中国是发展中国家,经济和科技水平与世界发达国家还有一定的差距,派遣学生到国外留学的主要目的是学习外国先进的科学技术及优势学科,让学生通过在国外文化环境和社会氛围中的学习、生活与交流,培养学生的国际观念、国际意识,克服学生狭隘的民族主义,尊重他国的风俗,提高了解和研究国际问题的兴趣和适应国际环境的能力,造就具有全球视野、专门知识和创新能力的复合型人才。正是在这种留学观念的引导下,长期以来中国派出的留学生超过接收的留学生。要促进中国高校学生国际化,派出留学生与收进留学生都应该重视。

(一)鼓励中国学生出国留学

现代科技文化交流是一种双向交流,要培养出国际型人才,增进各国之间的相互了解,就必须派学生到相关国家去了解该国的历史、文化、风土人情,去亲身体验该国的生活,才能够真正深入地了解对方。同时,鼓励中国学生到国外留学,还可以利用国外的优质教育资源为国内培养优秀的建设和管理人才。在学生留学的过程中,可以促进各国学生之间的相互学习与交流,及时掌握当今世界顶尖的科学文化成果。

例如,2018年大陆出国留学人数达到66.2万,同比增长8.8%,

继续保持世界最大留学生生源国。出国留学事业的发展离不开国家政策的指导和支持。目前，应该遵循"突出重点、统筹兼顾、保证质量"的原则。突出重点，就是要优先考虑重点学科的需要，鼓励学生出国学习中国急需的先进科学技术，积极吸取国外优秀的科技文化成果。统筹兼顾，就是要处理好当前需要与长远需要的关系。保证质量，就是鼓励学生找准适合自己的学习方向和学习方式，减少出国留学的盲目性。鼓励学生通过交换生、联合培养、国际会议、合作研究、竞赛、实习等多种形式出国学习。

（二）吸引更多国外留学生

学生培养国际化既包括学生的"走出去"，又包括"请进来"，留学生教育及其规模已经成为衡量一个国家高等职业教育国际化程度的重要指标。中国高校面对经济全球化和高等职业教育国际化的现实：一方面应积极鼓励学生出国留学，充分利用国外的教育资源为中国培养人才；另一方面要制定相应的政策，改善办学条件，积极扩大招收外国留学生。

当前，在中国政府的宏观政策指导及高校的努力下，中国招收外国留学生的规模有了跨越式的发展，招生层次逐年提高，招生人数大幅增加，但是与世界发达国家的留学生教育相比，中国的留学生教育仍然有许多需要改进的地方。

1. 提高教育质量

高水平的教育质量是吸引留学生的根本。中国高等职业教育的整体水平有待提高，高等院校需要充分合理地利用各种资源，努力提高教育质量，只有这样才能具备参与国际留学生市场竞争的资格和实力。例如，在课程设置方面，应结合外国学生流动趋向和热门专业变化情况积极调整招收外国留学生的专业及学位课程，教学方法与课程突显学校特色并逐步与国际接轨。当前，留学生在华主要学习中国语言和文化，这限制了留学生规模的进一步扩大。随着中国高等职业教育水平的不断提高，应该为外国留学生提供更多的各高校特色强势学科。同时，在政府宏观政策引导下，各高校应根据自身学校的特点制订留学生教育发展规划。在发展多种形式留学生教育的基础上，应重点发展好学历生教育，特别是针对高层次外国留学生的招收和培养，以达到提高层次和扩大规模的目的。

2. 完善留学生相关管理制度

按照"扩大规模，提高层次，保证质量，规范管理"的原则，积极完善留学生相关管理制度，努力创造条件，简化留学生的各项留学申请手续，扩大来华留学生规模，深化留学生奖学金管理制度改革。同时，改善留学生在华期间的生活和学习条件，如提高学生生活补助，设立多项奖学金，修建大批留学生宿舍，为留学生提供医疗保障、勤工俭学、社会实践、就业指导、维权等方面的服务等。这样做不仅能够对留学生产生更大的吸引力，让更多人主动选择来中国学习，同时，还可以深层激发在读留学生的学习热情，对于中国的留学生教育而言，也能帮助其更上一层楼。

3. 出台相关政策措施促进留学生事业发展

鉴于开展留学生教育能够带来多方面的利益，许多国家纷纷制定政策吸引外国留学生。借鉴别国经验，中国政府也应该在财政预算中拨出相当数额的资金来资助中国留学生事业的发展，如扩大政府奖学金的规模等。中国自1951年开始设立政府奖学金招收第一批外国留学生以来，随着经济增长，政府在发展外国留学生教育方面的财政投入也在阶段性地增长。

虽然中国对外国留学生提供了较为多样的奖学金项目，但中

第六章　高等职业教育的国际化发展 <<<

国的外国留学生奖学金申请及使用办法和条例还有待完善和改进，且奖学金的种类有限，政府在发动社会各界力量参与推动各校设立校级留学生奖学金方面还有很大的发展空间。同时，政府还可以有选择性地重点资助一些著名高校如北京大学、清华大学等在国际上已经有相当影响力的高等学府，支持它们参与国际竞争，树立品牌，为中国的高等职业教育在国际留学生市场上赢得声誉，争得生源。并且，政府为满足各类来华留学人员的需要，可以进一步扩大目前"中国托福"——汉语水平测试的考点，把中国的考试体系推向世界以适应世界性的"中文热"，鼓励更多的人来华学习工作。

4. 扩大境外宣传力度

要扩大高校的国际知名度，营销工作不容忽视。中国高校应该启动对外的营销宣传，积极对外宣传自己的优势专业和高校特色，构建并逐步完善"留学中国"的信息平台，进行"留学中国"的整体推介，对"留学中国"进行整体的形象设计和品牌定位。开展对海外学生群体的需求和发展动向的研究，拓宽联系网络。

随着世界"汉语热"的不断升温，还可以利用汉语作为中华文化的载体，作为世界了解中国、与中国交往的重要工具，继续积极推进孔子学院的建设。2019年，从湖南长沙举行的国际中文教育大会获悉，2019年，在外方的主动要求、自愿申请的基础上，一共新增设了27所孔子学院，新增加了66个孔子课堂。在办学方面，主要遵循的原则是"对增量进行控制、对质量进行优化、对总量进行稳定、对质量进行提高"，采取的办学模式为"相互尊重、友好协商、平等互利"，其中有8个国家（沙特、海地、朝鲜、中非、乍得、东帝汶、多米尼克、马尔代夫）是第一次开设孔子学院，孔子学院为世界了解中国架起了重要的桥梁，取得了明显成效。

高等院校自身应当进一步提高市场开发意识,积极策划对外招生宣传的策略和方式,根据本校的特色来定位市场及国际生源,力争有所突破。例如,可以充分利用互联网,制作精美翔实的中英文网页,加强对外宣传。具备条件的高等院校还可以积极在海外举办教育展,以更直接的方式吸引来华留学生。

(三)开展多种形式的合作办学

目前,世界各国之间都在进行国际合作和交流,合作办学模式发展得很快,在当下,已经成为高等职业教育国际化最为明显的特点之一。合作办学的形式和类型有很多,大致上可以划分为两类:一是和同行进行合作,到境外开辟新的教育资源,一起开展科研和教学工作;二是在境内和一些国外大学合作,充分利用目前现有的资源,共同培养大学生。

关于合作办学模式中的授课方式,主要也可以分为两类:一是对境外的教育资源进行引进,教学的全过程都是在境内进行,但是毕业后获得的学位证书由境外的合作大学颁发;二是学生前两年先在当地学习,或者是在当地先读完大部分的课程内容,在学习的最后一年或者说最后一个阶段,到境外的合作大学中学习,继续就读深造,学生在毕业时获得的学位证书由本土大学和境外大学共同颁发。

三、高校学者交流国际化的实现

高等职业教育国际化的竞争归根结底是人才的竞争,也是以人为本的竞争。高校学者站在高等院校教学、科研的最前沿,高校要培养出社会精英人才,培养出具有创新思维的国际化人才,

第六章 高等职业教育的国际化发展

优秀的师资力量是必要的保障,优秀的教师需要具备先进的意识,国际化的大局观,具有先进的思想、先进的教育手段和技术,能够不断研究创新。高校的教师有国际知识和经验,可以促进高校国际化发展,尤其在教学和科研方面。而国际交流的加强又可以不断提高高校的师资力量,因此,高校应该不断地支持教师"走出去",也应该不断加强自身"请进来"。

"走出去"是高校教师到国外访问、进修、讲学、合作研究等工作。这种"走出去"一般由教育行政部门和高校按照既定计划进行选派,目的是提高教师的学术水平、研究能力和语言能力,当然,与此同时会促进教师队伍国际化,促进教学观念、课程设置等方面逐渐与国际接轨,促进高等职业教育国际化发展。同时,这样的交流也利于不同背景的教师相互借鉴、共同研讨,促进知识创新。"走出去"也是提高我国整体教师队伍的有利因素,通过从国外进修、学习、交流回来的教师,带回来大量的研究新成果,包括新知识、新动态、新工具、新观念、新方法,这对促进教师队伍教学水平的提高有很大的帮助。

"请进来"是邀请国外学者来中国开展讲学、学术研讨会等活动,有实力的大学可以实施海外高层次人才引进、长江学者奖励和国家杰出青年科学基金等项目,直接招聘世界范围内的教师和学者,为高校集聚具有国际影响的学科领军人才。

此外,高校还可以通过建立长期专家项目、重点外国专家项目、政府合作专家项目等,即邀请一些专家进行短期的教学活动,专家主要包括知名学者、国外一流学者等,短期教学活动则以短期访问、讲学、不定期举办讲座为主,当然有的高校也会聘请这些专家作为名誉教授、客座教授或顾问,这样他们会在高校开设课程,或与高校科研合作,使中国高校的学术发展可以接触到国际最新、水平最高的信息和动态,使学术发展更有创造性。

经济全球化的发展改变了国际人才的布局，人才交流的范围变得更广，人才的竞争日益激烈。在这样的大背景下，提高中国高校的教学水平、科研水平、学术水平，人才是关键。要引进世界的一流人才，并留住这样的人才，必须要解放思想，加大力度，高薪资高福利不是唯一的手段，更多的是要为人才营造更舒心、更有发展的工作和政策环境。

四、高校研究领域国际化的实现

中国高校研究领域国际化的实现，需要在学术研究领域，增加国际性的有益于研究者摆脱狭隘的观念，开拓思维，实现资源信息共享，学习国际先进的科研手段与方法，特别是对学科理论前沿的研究具有敏感性，掌握最新信息，判断研究走向，这有利于科研找到正确方向，并更容易达到科研目的，能够帮助我国赶上发达国家的学术水平。

高校水平的决定性评价标准就是科研实力，高等职业教育国际化的内容中不能缺少中国高校研究领域的国际化，也就不能缺少与国际对接的高水平科研合作，这无论对学生的发展还是对学者的研究都有着非常重要的意义。在高校中，中青年教师和创新团队是科研攻坚的重点，学校要为教师提高科研创新和社会服务能力创造各种条件，促进教师跨学科、跨单位、跨国界交流，打造出自己的科研创新团队。

扩大研究领域的国际化可以采取的方式是多种多样的，常见方式主要有：第一，与国外著名大学建立合作关系，加深双方的学术交流，增加国际交流的次数；第二，邀请国外高层学者赴中国交流，开展访问、讲学活动；第三，专门设立国际会议基金，为高校教师或优秀博士生参加高水平国际会议提供资金支持，通过国际会议,使高校及时了解国际最新的科研和学术成果。第四,出台政策,奖励在国际顶尖刊物上发表高水平论文的教师、科研工作者;第五,与世界一流大学或跨国公司合作,培养科研技工,申请联合基金项目;第六,派教师和学生出国交流,到国外的知名大学访问或学习。研究领域的国际化包括研究对象的范围从国内扩展到国际,研究方法中引入国际思维和全球视野。

(一)以国际学术会议为纽带加强国际交流

国际学术交流有利于国内高校向国外学习先进前沿的理论知识,更快接近世界科学技术的尖端发展,也有利于国内开发新科技,取得成果。国际性学术研讨会就是很好的国际学术交流的机会,高校可以定期安排,还可以有效借助网络技术和信息技术,使全校师生都可以接触到国际性学术研讨会,提高整体学术水平。另外,鼓励教师参加国际会议、在国际核心刊物上发表学术论文,也是有效的国际学术交流手段。还可以支持教师、学者任职于任国际学术刊物或国际学术机构,提高国际学术交流的水平。

国际核心刊物上发表的论文数量和质量往往被列为衡量一所高校科研水准高低的重要指标之一。中国著名的高校往往都是在国际学术舞台上表现较好的高校。

(二)加强境外学术机构与著名高校的交流合作

加强境外学术机构与著名高校的交流合作,与他们联合共建研究中心,搭建以科学研究为核心内容的国际化合作科研平台,实现优势互补,不断提高科研水平和科研能力,推动重点学科高起点的发展,发表高水平的学术论文和著作,力求在前沿学科有所作为。例如,清华大学与境外学术机构建立起了全方位开放、广泛交流、重点突出、着重实质性合作的一系列项目。

(三)加强与著名跨国公司合作

重视学习借鉴国外著名跨国公司知识创新和技术创新的成功经验,加强与著名跨国公司的合作,建立一个以技术引进、吸收、消化和创新为核心内容的国际化技术平台。通过跨国公司在高校建立高水平的重点实验基地,创造条件,不断引进和合作,掌握前沿科学与核心技术。与世界知名企业和研究机构联合共建实验室,有利于中国高校拥有与国际先进水平同步的教学、科研与实验平台,进一步促进高校的教学和科研水平提高,更好地推动高校将其拥有自主知识产权的高新技术成果实现向产业化的转变,同时将中国所短缺的国际成熟技术引入国内,并进行本土化的技术梯度转移,以适应国内不同地区产业结构调整的需要,不断提升高校在经济中的影响力,反过来可以促进高校科研的进一步发展。

当前,中国处于新时代,时代的发展和中国现代化建设需要中国的高等职业教育做出成绩,早日实现国际化。这就需要走好高等职业教育改革与发展的关键一步,在这个关键时期,要完成中国一流大学和高水平大学的建设任务。这就提出了积极学习的要求,要求学习先进的教育思想和管理经验,时刻关注、了解世界教育发展的方向,立足于民族文化,吸取世界各国的文化优势,积极创新,促进中国高等职业教育实现跨越式发展。

高等职业教育国际化发展涉及的领域较多,以课程建设、学生培养和学者交流以及研究领域的国际化三个方面为例,进行重点分析:①课程建设方面,提出要通过开设国际性内容的课程、增强各专业和课程的国际性、加强双语课程建设、利用海外教育资源、建立国际化的课程质量监控制度等方法切实提高课程建设的质量和效率；②在学生培养和学者交流方面，需要学生和高校学者的"走出去"和"请进来"两方面均不可或缺；③在研究领域的国际化方面，要以国际学术会议为纽带加强国际学术交流，同时积极寻求与境外学术机构和著名高校建立交流合作关系，加强与国际著名企业的合作。

第四节　高等职业教育国际化发展的路径研究

高等职业教育国际化是世界高等职业教育发展的大趋势，是历史和现实的必然选择。开放教育市场是国家之间的互动、互利、互惠行为，不仅可以促进本国以及世界教育的发展，加强国际交流与合作，又能提高自身的教育质量与国际竞争力。中国作为世界上最大的发展中国家，应进一步更新观念，努力适应高等职业教育国际化的趋势，站在"科教兴国"的战略高度积极行动起来，在高等职业教育国际化的潮流中掌握主动权，走出一条中国特色的国际化发展之路。

一、确立高等职业教育国际化发展战略目标

在全球化背景下，全球竞争格局不断演变，在高等职业教育的国际化发展这一观点上，全球已经达成共识，在大背景下，中国推进高等职业教育国际化不是"片断式的、细节性的、具体做法上的简单借鉴与分割性实施"，而是以理性解读高等职业教育国际化的内涵为基础，研究、分析其他国家的高等职业教育国际化，并在此基础上总结经验，发挥优势，系统、完整地分析各种具体

措施，最后走出符合中国国情的高等职业教育国际化道路。

为了实现该目标，现阶段中国高等职业教育国际化发展的战略目标是：以切合国家战略需求、促进民族振兴和社会进步为基本原则，以追求国际资源优化配置为导向，以民族化和多元化为基调，以最终实现教育强国为目标，建成一批具有中国特色的国际一流大学。

（一）以切合国家战略需求为原则

高等职业教育的国际化发展必须以切合国家战略需求促进民族振兴和社会进步为基本原则。如何在 21 世纪经济全球化的背景下实现中华民族的伟大复兴是中国需要重点思考的一个国家战略。在新的世界经济和政治格局中，如何进一步促进社会进步也是中国战略层面需要考虑的问题。因此，高等职业教育的国际化战略目标必须服从国家层面的战略思考，必须以促进民族振兴和社会进步为基本原则。

当前，中国高校的发展目标是融入国家的奋斗目标之中的。大学既是教育机构，也是科研机构，大学的精髓在于精神和底蕴以及文化的传承，一所大学所孕育的文化和精神是区别于其他学校的根本标志。一流大学的校园文化和精神氛围都应该积极向上，在日常生活中对师生产生潜移默化的影响，这种影响不是一时，而是深刻、持久的，甚至是一生。人才培养、科学研究和社会服务是一流大学必备的社会功能，在中国，建设一所一流大学，要在校园文化中融入满足国家战略需求、促进民族振兴、促进社会进步的文化精神，并根植于师生的思想中，形成中国的特色。此外，用共同的价值观念和奋斗目标凝聚全校的师生，也是一流大学的建设目标。

第六章　高等职业教育的国际化发展

（二）以追求国际资源优化配置为导向

高等职业教育国际化发展战略目标必须以追求国际资源优化配置为导向。高等职业教育国际化的发展有其自身的历史进程。初期的大学国际化只单纯受学术驱动，这个过程最早起源于中世纪的欧洲大学。在当时，大学的重要力量就是知识的普遍性，因此学者和学生会因为真正意义上的求职活动而进行国际流动。

由于知识具有普遍性，所以国际性是高等职业教育的天然属性。后来民族国家兴起，国家的身份和概念随之不断被强化，在启蒙时期，纯粹为了学术而进行的大学国际化活动慢慢发生了内涵变化。高等职业教育国际化产生了政治和文化倾向，变了国家身份保持的方法。

现在全球化进程加快，高等职业教育国际化也成为经济的竞争与战略影响因素之一，并对文化、经济、政治产生影响，因此必须融入全球化的变革之中。在这种形势下，如何利用国际化来优化资源的配置进而实现自身的发展应该成为高校国际化发展过程中的战略导向。因此，在全球化背景下，高等职业教育的国际化发展战略目标必须以追求国际资源优化配置为导向。

不仅如此，高等职业教育是一种长期的教育行为，它存在着规模经济与规模不经济。如图6-1所示[1]，AC曲线段是规模经济的，BC曲线段是规模不经济的。

---

[1] 本节图片引自：付红，聂名华，徐田柏，等.中国高等教育国际化的风险及对策研究[M].北京：人民出版社，2015.

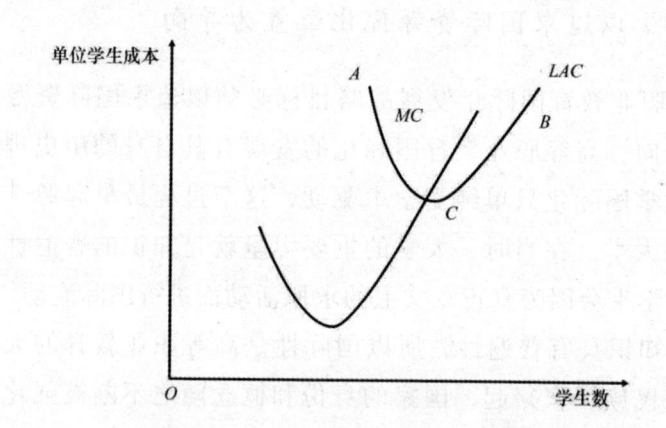

图 6-1 单位学生成本与学校规模相关图

高校规模小，投入的资源多，则资源结余造成浪费，这时可以扩大高校规模，如合并高校、联合办学。这样，规模扩大了，资源减少了浪费，单位的成本也就降低了，趋于形成规模经济。但是不能过度追求低成本，对于规模的扩大不加限制，反而会造成规模不经济，从而降低教育质量。因此，高校在国际化进程中需要结合自身的规模和资源条件，不能以牺牲教育质量为代价盲目地进行国际化的发展。国际化的第一诉求是以追求国际资源的优化配置为主导的，高校在国际化进程中应坚持这一导向。

因此，无论是从宏观层面高校国际化的发展进程来看还是从微观层面高校自身的规模经济发展来看，高等职业教育的国际化发展战略目标必须以追求国际资源优化配置为导向。

（三）以民族化和多元化为基调

高等职业教育的国际化发展战略目标必须以民族化和多元化为基调。

一方面，中国高等职业教育的国际化应该以民族化为基础。

第六章　高等职业教育的国际化发展

一个国家的高等职业教育必须根植于特定的民族文化，受制约于本国国情，民族的才是世界的，所以国际化的基础就是民族化。中国高等职业教育的国际化也脱离不开本民族的文化，应该在本民族文化教育基础上，学习效仿国际高职教育的成功经验、优秀模式，吸收先进科学技术知识。

另一方面，国际化是高等职业教育现代化的实质和主流，民族化则是高等职业教育现代化的现实基础与表现形式。高等职业教育民族化，主旨是强调保持、保护并发扬本民族的高等职业教育优良传统，民族化只有不断开放，不断接受国际化洗礼，才能始终充满生机与活力；国际化只有与民族化结合，取得民族化形式，才能合法生存并内化于现代化之中，从而在根本上促进现代化。高等职业教育的现代化中，国际化是其实质与主流，民族化则是其形式。

中国高等职业教育的国际化必须以多元化为基调，不能简单地变成西方化的过程。国际化不等于全面西化，而是以交流合作为基础，打造多元化格局，是在充分发挥自身特色的基础上，与国际接轨，创新发展，形成有中国特色、有竞争力的教育资源。而留学生教育作为国际化的一个方面，不是唯一实现高等职业教育国际化的途径，更不是国际化的衡量标准，国际化的核心是课程体系。

（四）以最终实现教育强国为目标

高等职业教育的国际化发展战略必须以最终实现教育强国为目标，建成一批具有中国特色的国际一流大学。教育强国的含义有两层：一方面国家资源的利用、开发及人均占有的教育质量、效益和水平的高低；另一方面依靠教育的不断发展来谋求整体国民素质的提升,进而推动国家宏观战略的实现。

高等职业教育的国际化发展必须以最终实现教育强国为目标,也有两层含义:一方面在教育层面实现中国由教育大国到教育强国的转变;另一方面高等职业教育的国际化发展本身是高等职业教育发展过程中的一个环节,而高等职业教育本身又是一个国家整体教育的重要组成部分,欲谋求通过教育水平的整体提高来提升一个国家的整体国民素质就不能绕开高等职业教育国际化这个环节。因此,高等职业教育的国际化发展战略目标应该从这个层面服从教育强国的战略目标。

中国应在最终实现教育强国为目标的战略指导基础上,建设一批具有国际知名度的高等职业教育学校。衡量一个国家的高等职业教育国际化的发展水平,仅仅停留在国内比较上是不够的,还必须在世界范围内与世界高校进行比较和竞争。只有建设出一批在国际上知名的高等学府,才能从根本上证明高等职业教育的国际化实现了长足的发展。

综上所述,中国高等职业教育的国际化发展应该放眼全球立足现实,以切合国家战略需求促进民族振兴和社会进步为基本原则,以追求国际资源优化配置为导向,以民族化和多元化为基调,以最终实现教育强国为目标,形成一批具有中国特色的国际一流大学,唯有如此,中国高等职业教育的国际化水平才能得到根本提升。

二、构建高等职业教育国际化发展运行机制

推进高等职业教育的国际化,需要一系列与之相配套的科学规范的运行机制来为高等职业教育的国际化发展提供有力的导向、规范、支持和激励作用。总体而言,国际化的运行机制包括两个

第六章 高等职业教育的国际化发展 <<<

层面：宏观层面的国家政策与管理机构，对推进高等职业教育国际化所作出的系列规定与管理；微观层面各高等院校具体建立的国际化策略运行机制。中国高等职业教育国际化运行机制具体如图 6-2 所示。

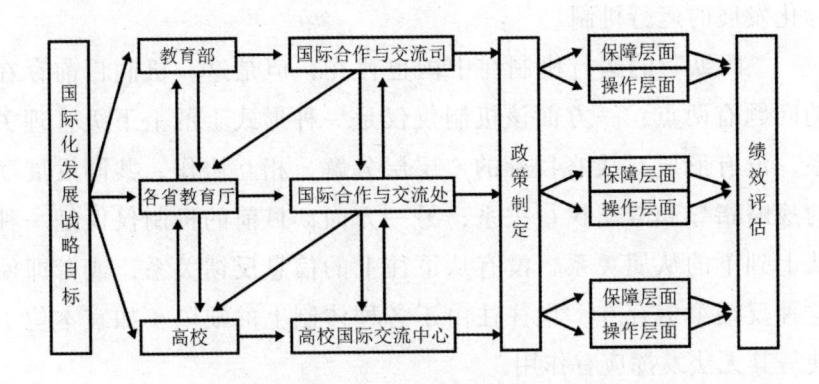

图 6-2 中国高等职业教育国际化运行机制图

根据图 6-2 所示，为了进一步推进中国高等职业教育国际化进程，应在整合现有资源的基础上构建"两纵三横"的国际化运行机制。"两纵"是指在战略目标指导下的"教育部—各省教育厅—高校"和"国际交流与合作司—国际交流与合作处—高校国际交流中心"的纵向指导管理体系。"三横"指的是在战略目标指导下的"教育部—国际交流与合作司""各省教育厅—国际交流与合作处""高校—高校国际交流中心"的横向管理和规划关系。

"三横"的运行机制关系是中国现已存在的运行机制，只是在具体操作中并未真正凸显其对高等职业教育国际化发展的战略规划和指导功能。具体而言，这些运行机制仅仅是对基本事务的处理，并未真正从战略高度去思考高等职业教育国际化的发展，更没有从保障层面和操作层面细致地构建与完善这一运行机制。其根本原因在于无论是教育部还是各省教育厅和高校都没有充分认识与理解高等职业教育国际化发展的战略背景和战略目标。为了真正构建中国高等职业教育国际化发展的运行机制，需要先从这三个层面上进一步深化对高等职业教育国际化发展战略的认同感和理解度，并在此基础上将该战略目标作为基本的工作内容和工作重点来进行，只有这样才能真正建立起中国高等职业教育国际化发展的运行机制。

"两纵"的运行机制在中国也存在，但是这一机制目前存在的问题有两点：一方面该机制仅仅是一种形式上的上下级管理关系，没有形成对战略目标的"层层分解、相互协作、共同发展"的战略指导和战略执行关系；另一方面，目前的机制仅仅是一种从上到下的从属关系，没有从下往上的信息反馈关系，或者即使这种反馈渠道存在，也往往由于各种体制上的缺陷（如官本位）使得其无法发挥应有作用。

值得指出的是，目前还存在着另外两条隐性的纵向运行机制，即教育部直属的国际交流与合作司直接对各省教育厅的管理以及各省教育厅的直属国际交流与合作处对高校的直接管理，这些管理模式在某种程度上占据了主要地位。

各相关部门应在国际化战略目标的指导下，根据"三横两纵"的运行机制，制定出中国以及各地区各高校的国际化发展政策。这些政策既包括微观层面和宏观层面，也包括保障层面和操作层面。高等职业教育国际化发展运行机制的构建，需要重点完善以下机制：

（一）资金保障机制的构建

在长期的计划经济体制条件下，我国的高等职业教育形成了特殊的"政府供给制"。高校主要会根据国家的拨款情况制订发

第六章　高等职业教育的国际化发展 <<<

展规划、调整办学思路、加强基础建设和推行改革举措的,这意味着国家拨款得出金额直接决定了高校的发展水平。随着市场经济的发展和市场机制的改进,中国高等院校有了一定的自主权,投资主体也出现多元化趋势,但高校发展、建设与改革依然将政府财政拨款作为重要的资金来源。在经济全球化要求下的高等职业教育国际化与之不相适应,这甚至阻碍了高等职业教育国际化。

中国应从三个方面努力构建高校国际化发展的资金保障机制:一是国家应进一步加大教育投入,特别是加大对国际化发展的支持力度。二是高校自身要努力拓宽资金来源渠道,除了财政拨款,还应该主动吸收社会捐赠、校友捐赠和银行贷款等。需要注意的是,对高校自办企业的形式应该审慎地提倡,特别对理工类高校,应更进一步利用"产学研"模式,为学校的发展提供足够的资金。三是努力提高这些资金的利用效率,国家财政部门可以会同教育部门建立相关的监督部门,高校自身也应该努力节约使用资金。

(二)高校组织保障机制构建

中国应从两方面深化高等学校行政管理体制改革:一方面大力推行高等学校管理人员职员制度;另一方面转变政府职能,扩大高校办学自主权。国际留学生的市场中存在激烈的竞争,大学生必须作为竞争主体走入到复杂的市场中并采取有效且灵活的措施,自主决策并行动。这样做的大前提是大学与政府关系和谐,高校自主权扩大,丰富对外交流活动。

(三)师资力量保障机制的构建

推行高等职业教育国际化需要满足师资力量保障。国际化发展的重点领域是教育课程的国际化、学生培养的国际化、学者交流的国际化和研究领域的国际化,无论是哪一个领域都要求有足够的专业化的师资力量作为基本保障。为了建立高等职业教育国际化的运行机制,在宏观层面上应国家制订相应的外来人才引进计划;高校自身更应该注重自身师资力量中外来人才的比例以及本土人才中具有国际化意识和能力的人才比例。

高校在对教师的考评中应该在一些方面有所侧重,例如,能否在国际期刊上发表文章,能否用外语进行交流等。只有从上到下各个层面都重视,才会真正提高中国高等职业教育师资力量中国际化人才的比例,才会真正形成国际化的师资力量保障机制。

(四)国际交流和国际科研合作实践机制的构建

在构建这一运行机制时应该既注重"请进来",也要注重主动"走出去";既要进行一些基本项目的交流,也要进行一些科研项目和资源共享项目的合作。只有这样,才能真正完善中国高等职业教育国际化的国际交流和国际科研合作的实践机制。

三、加强高等职业教育国际化发展宏观调控

在高等职业教育国际化进程中,政府的宏观调控将为高等职业教育的发展提供非常重要的保证。结合中国高等职业教育国际化运行机制的构想,政府对该问题的调控属于宏观运行机制范畴。这意味着在中国主要是教育部和各省教育厅在国家战略的指导下制定高等职业教育的国际化发展政策,该策略的制定主要包括两个方面:宏观调控保障层面和宏观调控操作层面。没有宏观调控保障层面作支撑,宏观调控操作层面的政策就很难发挥应有的作用;没有操作层面的具体政策来指导整个国际化进程,保障层面的政策就显现不出其应有的价值。两者必须有机结合起来,才能

第六章　高等职业教育的国际化发展 <<<

对中国高等职业教育的国际化发展起到促进作用。

就宏观调控保障层面而言，主要包括法律保障、师资力量保障、资金保障、基础设施保障、组织制度保障这五个方面。就操作层面而言，也主要包括五个方面。

（一）制订国际化的办学规划

在全国范围内制定国际化的办学规划，意味着中国在明确了国际化战略目标之后，在实施层面具体细化和量化这个战略目标，进而形成系统的实施方案。高等职业教育国际化研究的理论体系，应当尽快在全国各高等院校建立起来，进一步推进国际化发展经验积累，并不断发现新问题，带来更加科学、系统的研究。同时，国际化研究成果的推广体系也应当在全国范围内建立起来，使中国的现代化建设能够有效、迅速地应用最新研究成果。在实践方面应当确定国际高等职业教育发展的需求，重新审定高等职业教育的方针政策，系统地改革国内教育与培训体制；要制定相关政策，将海外的优秀学者和留学生吸引过来；要对国际化问题加强研究；加大对高等职业教育国际化的宣传力度等。

（二）打造国际化的优势学科

要努力运用宏观调控的手段激励国内高校努力打造国际化的优势学科，进一步形成中国在国际化进程中的核心竞争力。对具有民族特色的专业学科，国家可以从宏观政策上给予优惠和各方面的支持，使得其不仅在国内发扬光大，更在国际上的地位提高。如纺织、陶艺这些专业应成为中国部分高校国际化进程中的重要主打学科。需要明确的是，国际化不仅仅是吸收国际文化的过程，也是不断向世界传播中国文化的过程；高等职业教育的国际化发展应该成为中国特色高等职业教育和国外特色高等职业教育的优势互补过程。要想实现这一目标，国家应在制定策略规划时重点提出这一方针，以相应的调研为基础，挑选出具有中国民族特色的专业和高校，并加入国际特色，进行重塑宣传并向国际化潮流中推进，这必然会将蓬勃的生机注入中国的高等职业教育的国际化发展中。

（三）建设高等职业教育国际化发展特区

建设高等职业教育国际化发展的特区，主要有三个基本设想是：一是政府在宏观层面可以尝试建立高等职业教育特别发展区；二是对外交流条件放宽，外国高校和外国资本进入减少限制；三是特区区域必须能够承担得起这样的国际化角色，经济特区一般在沿海地区，这些城市国际化程度本身已经很高，可以将高等职业教育的特区也放在这些经济特区中的一个或几个城市。在满足这些条件的基础上，在特定的教育领域全方位、有针对性、规范有序地引入外国资金、智力、教育及管理模式。建立国际高等职业教育特区或国际高等职业教育中心，将无疑对中国的教育、科研和经济建设产生巨大推动力。

（四）开办特许学校

特许学校的发展理念类似于中国行政划分中的直辖市。特许学校就是由国家或者教育主管部门特别批准的主要以进行国际交流和合作为主的特办高校。这些学校的合作项目可以是个别项目也可以是全方位的，可以采用中外合作模式也可以采用中方主导外方协助的模式。但是，特许学校的起点应该较国内普通高校要高，

第六章 高等职业教育的国际化发展 <<<

对学生的素质要求也应该更高，因其在某种程度上代表了中国高等职业教育的国际水平。特许学校需要政府财政的大力支持和教育主管部门的鼎力帮助。这种学校得益于政策上的灵活性和宽松的机制环境，可以按照国际惯例对学生进行教育，对教师进行管理。并且，在世界范围内聘请教师，同时主动在世界范围内招生。这种模式若能够成功，必将推动中国高等职业教育的国际化发展进程。

（五）开展国际学历认证

毋庸置疑，国际学历认证和国际学位互换以及国际学分互认是高等职业教育国际化发展的一个重要方面。高等职业教育国际化将大幅度加强国际人才培养的合作关系，如果不能突破学分、学位和证书的互认，那么融入国际潮流将会十分困难。国家主管部门应当对该问题从宏观调控层面审慎对待，适当将门槛降低，在协商方面，应用层次对应的办法，使国际化的互认范围不断扩大。设立"全国高等职业教育质量保证和认证中心"，为国内各种质量保证和认证机构搭建一个沟通与交流的平台，并积极参与高等职业教育质量保证机构国际网络，向世界发布中国质量保证和认证方面的信息，加强与其他国家质量保证和认证机构的沟通与交流，推动进出口教育项目的发展。这样才能进一步加快中国高等职业教育的国际化进程。

四、合理选择高等职业教育国际化发展形式

随着全球化时代的到来，高等职业教育的国际化发展呈现出新的特点。经济因素的驱动力在国际化过程中扮演着越来越重要的角色。在全球化时代，高等职业教育的国际化形式主要有四种，

具体见表6-1[1]，其中境外消费、境内商业和据点服务是主要形式，但是跨境服务和境内自然人服务会随着全球化的进一步深化而变得越来越重要。

表6-1 高等职业教育国际化贸易的四种提供形式

模式	特点	类型
跨境服务	服务本身跨境，提供者和消费者都无须跨境	远距教育
		网络教育
		虚拟大学
境外消费	消费者到别国接受教育服务	传统的留学
境内商业据点服务	消费提供者到服务消费地建立据点以提供服务	分校
		双联学位课程
		授权
境内自然人服务	提供服务的个人前往消费者所在地提供短期性服务	教师及研究者应聘国外

在这种新的背景下，如何合理选取高等职业教育国际化的发展形式直接决定了高等职业教育国际化发展的运行机制能否顺利运转，也直接影响着国际化发展战略目标能否在不断进行改进的基础上实现。国内外高等职业教育国际化的发展形式主要有基础形式、中级形式和高级形式的分别。其中基础形式主要有学生互换与留学、网络教育及教师跨国进修与讲学三种形式。随着国际化的不断深入，学生互换与留学的初级形式会逐步发展到国外分校的中级形式，网络教育的初级形式也会逐步向产业化发展的中

---

[1] 付红，聂名华，徐田柏，等. 中国高等教育国际化的风险及对策研究[M]. 北京：人民出版社，2015.

第六章 高等职业教育的国际化发展 <<<

级形式转变，同时教师跨国进修与讲学形式也会逐步发展到国际科研合作的中级形式。

随着全球化和国际化的进一步深入，在国外设立分校的中级形式会转变成区域性教育联盟的高级国际化形式，产业化发展的网络教育也会逐步转变为高等职业教育特区的高级国际化形式，同时国际科研合作的中级形式也会逐步转变为特许学校式的高级形式。这一转变和升级过程如图6-3所示。

```
  基础形式   ⇒    中级形式    ⇒    高级形式
    ↓                ↓                 ↓
学生互换与留学  →   国外分校    →  国际区域性战略联盟
  网络教育    →   产业化发展   →    高等教育特区
 教师进修和讲学 →  国际科研合作  →     特许高校
```

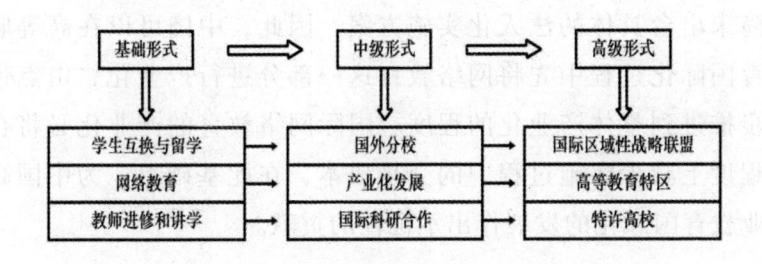

图6-3 高等职业教育国际化发展形式选择

综上所述，中国高等职业教育国际化在向中级水平迈进的时候可以选择国外分校、产业化发展和国际科研合作的形式。

（一）建立国外分校形式

学生互换和留学的初级阶段形式的进一步发展应该是国外分校形式。只有建立国外分校才能真正提高中国高校知名度。当然合作办学也能起到类似的作用，但是合作办学的实质内容规模比较小，合作层次较低，最大的缺陷在于不能以中国高校的名义作为一个独立实体在国外进行教育和研究，这就很难提高中国高校的国际地位。因此，合作办学应该是从初级阶段向中级阶段发展过程中的过渡阶段。

（二）向产业化发展的目标迈进

传统的国际网络教育的初级阶段应该向产业化发展的目标迈进。高等职业教育产业化问题的提出主要有两方面原因：一方面是高等学校教育经费短缺，国家面临扩大招生规模的压力；另一方面是高校法人化。其实，高校法人化的过程实质上就是高等职业教育产业化的过程。

中国已提出高等学校法人化作为改革高等职业教育的目标，但尚未出台具体的法人化实施方案。因此，中国可以在高等职业教育国际化过程中先将网络教育这一部分进行产业化，由点带面逐步推进到整体产业化的程度。国际网络教育的产业化必将在一定程度上减少实施过程中的交易成本，在此基础上，为中国高等职业教育国际化的发展作出示范性的贡献。

（三）推进国际科研合作

传统的高校教师进修和跨国界讲学的初级形式应该进一步扩展为国际科研与合作的中级形式。因为传统的教师进修和跨国界讲学实际还停留在教学和学习的意义上，尚不能从学术和科研层面获得大幅度提升。而衡量一个国家高等职业教育国际化的发展不能仅看数量上的优势，还要看其科研能力和学术能力的国际化水平。国际科研合作在国际化进程中占有较重要的比例，但是，这种形式的国际学术合作在中国的高等职业教育国际化进程中所占比例还较小，特别是那些普通本科高校在这方面的表现还比较差，仅仅停留在初级的教师进修和讲学层面上。因此，建议进一步加强国际学术交流和合作，使之成为中国高等职业教育国际化进程中重要的发展形式之一。

在实现了高等职业教育国际化发展形式由初级向中级的转型

之后，应进一步探索其高级形式。国际区域性战略联盟、高等职业教育特别发展区和特许高校是首选的三个重要形式。

以国际区域性战略联盟为例，区域高校战略联盟是指高校之间、高校与其他社会组织之间，围绕某一共同战略目标，在组织和部门之间进行有效的整合，实现资源的最优配置，从而谋求效益最优，并通过各种契约建立起来的松散型合作竞争组织。

中国学校的战略联盟应该在慎重考察中国周边国际环境的基础上，考虑建立国家之间的国际区域性战略联盟。具体而言，中国可考虑在经贸关系的基础上进一步挖掘高等职业教育国际化方面的战略联盟合作，在该区域内实现学生的自由流动甚至是自由择校。也可在设立高等职业教育特区和特许学校的基础上，在小范围内与周边国家或周边国家部分省市或高校进行这种战略联盟，以期实现互惠式的战略发展。

五、完善高等职业教育国际化发展外部环境

在高等职业教育国际化发展进程中，不仅要从战略目标、运行机制、宏观调控、发展形式等内在影响因素入手，还要注重外部环境因素的影响。只从内在影响因素方面谋求发展，不重视外部环境因素的变化，会使得内部政策的可行性和适应性不强，起不到应有的效果；只注重外部环境的建设而不从内部影响因素进行根本性的政策调整和改革，也无法实现中国高等职业教育国际化发展的战略目标。只有两者同时兼顾才有利于中国高等职业教育国际化的健康发展。

借鉴环境分析 PEST（P—政治，E—经济，S—社会，T—技术）模型，可以认为影响一个国家高等职业教育国际化的外部环境因素主要有四方面的内容：政治环境、经济环境、科学技术环境和

社会文化环境。

（一）政治环境

就国际政治环境而言，当前国际局势保持的态势依然总体稳定缓和，但依然有局部动荡和紧张的加剧。从总体上看，当前国际政治形势及中国外交关系对高等职业教育国际化的影响是机遇与挑战并存。

（1）政治环境下的机遇。中国社会事业全面发展长期从世界多极化趋势和和平与发展时代主题中汲取巨大动力与机遇。特别在后金融危机背景下，谋求经济的复苏和增长是世界各国面临的主要问题。对中国而言，利用经济因素谋求更加和谐的国际政治关系是有很大可能的。

（2）政治环境下的挑战。中国对外关系继续朝着更加健康和谐的方向发展，当前，高等职业教育国际化领域的合作在数量和质量上都得到稳步提升。当前的挑战主要包括：中国与一些国家双边关系的变化对教育产生影响；国外一些有关国家安全的不稳定因素。

综上所述，中国目前的政治环境以及外交关系正常，虽然小范围内会有摩擦存在，但在整体上不会影响到中国高等职业教育的国际化发展。事实上，良好的国际政治环境也为中国高等职业教育的国际化发展提供了重要保障。

（二）经济环境

1. 经济全球化与区域经济一体化

21世纪国际投资与贸易获得了更高的自由度、劳动市场逐渐

第六章　高等职业教育的国际化发展

统一、跨国公司不断发展，这都促进了经济全球化的发展。越来越多的国家和地区开始加入自由贸易区，来加快经济增长并使区内投资和贸易，从而更好地应对经济全球化的挑战。中国作为世界经济大国，与世界经济的联系性和相互影响程度也会不断提高，这会直接或间接影响到中国高等职业教育国际化的发展。

2.经济政策的制定与实施

中国应该进一步实施和完善经济政策，力图使国内经济继续走向良性发展轨道。同时，应制定积极的对外贸易政策，减少贸易摩擦，既为国家经济的进一步发展做好相应铺垫，也为中国高等职业教育国际化发展提供对外经济政策层面的保障。

3.金融虚拟经济

中国经济特别是金融虚拟经济的未来发展前景是非常光明的。在这个国际经济大环境下，中国高等职业教育的国际化发展应能获得国内宏观经济发展的大力支撑。高等职业教育国际化发展应顺势而为，在策略上表现得更加强势一些，将其发展真正纳入国家宏观经济发展的框架之中。

（三）社会文化环境的影响因素

1.传统文化教育对高等职业教育国际化的影响

文化和教育之间存在着天然的联系，民族教育理念和形式的变化受到中国传统文化深厚积淀的深刻影响。例如，春秋战国时期大教育家孔子提出的"有教无类"至今对中国教育事业的发展具有指导意义；从一定程度上而言，官办学堂的刻板状况受宋代书院和自由教学精神的弥补。另外，世界尤其是中国周边的国家的文化教育都受到中国文教传统的深刻影响，文化教育的对外交流已有长久的历史。但是，中国的文教传统也有着自身的局限性，这就需要人们重视对传统文化精髓部分的提取。

2. 人口对高等职业教育国际化的影响

数量与质量是人口属性特征的主要表现方面，人口规模大小表现在人口数量上，人口身体素质、道德与文化科学素质是人口素质的体现。人口问题在中国依然存在，主要表现为较高的人口密度和较多的人口数量，此外，不断有外来人口涌入，未来中国的人口依然会有庞大的数量；人口老龄化速度加快，中国的经济社会发展将会因庞大的老年人口而压力巨大；人口数量的增加带来更大的就业压力，社会可提供的就业岗位与求职人口之间的差距十分明显；总体来看，人口的受教育程度仍然不高。

3. 社会结构与社会事业对高等职业教育国际化的影响

人民的消费方式在社会全面进步的同时也发生了变化，尤其是不断扩大的城市居民消费能力，与此同时，消费结构与质量也在升级；恩格尔系数每年下降，曾经温饱型的消费模式已经转向了小康型；教育支出大量的增长是消费结构变化的主要表现之一。消费的变化主要体现为：城乡居民拥有逐步增长的收入，获得越来越全面的社会保障；稳步推进城市化和现代化进程；"科教兴国"战略出现了新的发展，各种教育都加快自身发展；劳动就业在经济持续增长的同时也有所扩大；中国各级政府在科学发展观提出后也拥有了可持续发展意识。

第七章 高等职业教育发展的新形态——高职本科

第一节 高职本科教育的属性分析

《国务院关于加快发展现代职业教育的决定》中明确提出"探索发展本科层次职业教育"。本科层次职业教育本质上就是高职本科。国务院的这一决定标志着我国高等职业教育发展进入了一个新时代,其向上延伸取得实质性进展有了可靠的政策依据,也代表了今后高职发展的新趋势。

高等职业教育在所有教育类型中属于特殊的存在,对我国教育制度而言是一种创新,这决定了我国高职本科的双重性,这是高职教育发展的趋势,也符合高职教育的本质,有其特色与规律。对于高等教育体系而言,高等职业教育属于一种新型的学校类型,对于人才培养而言是不可缺少的存在,另外,高等职业教育也是职业教育体系中本科层次的教育,整体而言其既具有高等教育所具备的特点,还具有职业教育体系所具有的特征,其中既含有高的特性,又属于"职",属于地方性教育,与我国经济发展相一致,符合经济对人才的需求,对地方的经济发展以及服务发展起着非常重要的作用,为我国建设特色社会主义经济打下了坚实的基础,整体而言，高职院校既有其自身特色，又含有技术特征。

第一，高等性。高职本科侧重于"高"，在高等教育中属于一股新力量，也是一类特殊的高等学校，就整体而言，其基本属性与高等教育相符。对于高职院校而言，其与普通本科是属于同层次的教育，只是对应的教育类型不同。高职本科除了培养学生的共性能力外，还强调技术定向，更加重视培养学生的技术素质，从而使学生打下坚实的技术基础，在学习理论知识的同时掌握更先进的技术，可以承担后期更有难度的技术工作，这在技术研发领域具有非常广阔的发展前景，发展方向众多。普通本科教育更侧重于学科性质的教学，在进行具体教育教学的时候更侧重于理论知识体系与学科知识的系统性。虽然从本质上进行分析的时候普通本科与高职本科存在不同，但是其高等性属于共同的特性，这也是高职本科所具有的发展价值的基础。

第二，职业技术性。职业技术性对于高职本科而言是其本性，也是和普通本科的差异所在，因此其还具有"职"的特性。对于高职本科而言，其本身就属于一种教育工具，其针对的是职业技术以及高端的技术技能，因此在进行人才培养的时候需要提升受教育者的职业技能，为其就业打下坚实的基础。对其进行职业领域的分析，可以使其了解到"职业技术"对于高职本科而言是立足教育的核心，包含的方面非常多，如职业领域内的基本技术、核心技术以及高新技术等，其应用范围非常广，岗位技术的应用方向也比较广泛。例如，学生想要进行职业迁移需要具备一定的职业技术，也主要取决于职业技术，与岗位技术的关系不大。因此在进行高职本科人才培养的时候需要先学习"职业技术"，以此为基础进行全面发展，将技术理论知识体系与技术技能融于一体，科学制订人才培养计划，全面提升学生的基本素质与技术技能，为后期高职本科毕业生职业技术发展发下坚实的基础。

第七章 高等职业教育发展的新形态——高职本科

第三，地方性。对于高职本科院校生存与发展而言，地方性是其"实践逻辑"实施的基础。"实践逻辑"指的是"接地气"，想要开办学校需要一定的土地支持，同时需要立足于地方产业与服务，逐步引领地方的经济发展，引领地方群众走向致富之路。高职本科在建立与发展的时候需要主动承担起责任，如服务地方、促进地方经济发展等，将"接地气"作为办学的一个基本目标，从此进行定位，以其为出发点与发展目标，发挥学校的人才优势和人力资源优势。让学校职业技能与地方产业、文化等相融合，实现专业技术与地方产业同步发展，教学过程也是企业发展的进程，学校在进行教育发展的时候不仅需要拓展自身的发展空间还需要定位自身的方向，在服务地方的基础上明确自身的办学优势，找到学校自身的特色，确定学校的文化品牌，让高职院校真正立足于地方经济，成为地方经济发展的"源动力"与"智慧库"。

第二节 高职本科教育发展的理论依据

高职本科（高等职业本科）教育是全日制本科学历教育的一种，学位为专业学士，它与普通本科共同构成高等教育体系的全日制本科层次。当前我国经济已进入"新常态"，科技不断发展，产业不断转型升级，社会生产对从业者技术技能的先进性、复杂性与综合性的要求不断提高，迫切需要我国职业教育发展应由规模扩张阶段转向内涵发展阶段，特别是发展以职业目标为导向，以职业能力培养为核心，以职业素质教育为依托，理论教学恰当、实践教学充分的本科层次职业教育。

我国自1999年明确提出大力发展高等职业教育以来，理论与实践界对高职教育办学层次及形式进行了广泛探索。2008年云南师范大学、昆明理工大学首先开办高职本科教育,之后天津、江苏、山东等省也陆续试水开办高职本科教育,高职教育呈现多层次发展之势。但是,由于到目前我国政策文件中仍未明确提出发展高职本科教育,导致实践中高职本科教育发展缓慢,目前全国只有20余所高校举办高职本科教育。其原因除了我国社会公众甚至部分教育管理人员认为高等职业教育是普通高等教育的一个层次,不必重复举办本科高职的观念阻碍有关以外,还与我国教育领域学界对高职本科教育的研究多从人才需求预测、实践必须与国际经验借鉴等方面进行,几乎没有从学理层面探讨高职本科教育发展的理论基础,高职本科教育发展缺乏深度理论支撑相连。因此,本节从经济方面的人力资本理论、社会方面的社会资本理论与生态方面的教育生态理论,分析高职本科教育发展的理论基础,试图为"新常态"下高职本科教育发展奠定理论基础。

一、经济理论基础:人力资本理论

教育是人力资本积累最重要的路径,教育也主要通过人力资本积累来促进一个国家或地区的经济发展。在现代市场经济中,教育尤其是职业教育的每一项重大改革,几乎都有促进经济发展的缩影。先从人力资本角度考虑高职本科教育发展的经济理论基础。

(一)人力资本理论视野下高职专科教育面临的挑战

20世纪60年代,著名经济学家舒尔茨与贝克尔提出了人力资本理论(Human Capital Theory)。人力资本理论认为,人力资本是体现在人身上的资本,即通过对人的教育、职业培训、健康进行投资,获得蕴含于人身上的各种生产知识、劳动与管理技

第七章 高等职业教育发展的新形态——高职本科

能和健康素质。人力资本理论被西方经济学界视为20世纪经济理论的重大发现，具有重大的价值。这表现在：一方面，人力资本理论使人在物质生产中的决定性作用得到复归，证明了人特别是具有专业知识和技术的高质量人才是推动经济增长和发展的真正动力；另一方面，人力资本理论促使许多国家把人力资本开发纳入国家经济发展规划或计划，着力运用人力资本投资来促进经济社会发展。

我国职业教育在人力资源培养方面有着非常重要的地位，对经济发展也起着非常重要的作用，但是当前的职业教育在进行人力资本积累的时候仍然面临着严峻的挑战，不利于经济快速发展，主要体现在三个方面。

第一，职业教育人才培养在数量上存在一定的局限性，无法满足当今社会对于技工人才的需求，人力资本数量缺乏。随着经济的快速发展，"互联网"以及"中国制造2025"开始进入我们的生活，对于发展战略的提出以及实施起着非常重要的作用。随着高新技术的发展，我国对于普工的需求逐渐减少，对应的技工人才需求逐渐增加，因此企业在进行招聘的时候面临一定的用工荒局面。通过调查发现，我国的技能人才总量相对较少，2014年底的时候技能方面的劳动人员仅有30%，对比用人单位对于技术工作人员的需求，还是远远不够的。

第二，职业教育人才培养的层次存在一定的局限性，随着产业不断转型，原有的人才培养形式已经不能满足现代企业对高质量人才的需求。当前，科技在不断发展，生产领域以及生活领域对于高科技的应用逐渐增多，科技和经济也逐步呈现一体化的趋势。随着新技术和新工艺的不断出现，产业转型成为必然的趋势，因此，从业人员在进行科学文化学习的时候不仅需要掌握专业的知识，还需要具备一定的技术技能，为高质量人才需求打下坚实的基础。根据调查发现,技能型人才模式中有43%的技工人员,36%的中级技工人员,高级技工占比为17%,技师以及特高级技工人员则更少,仅占4%。在产业逐步转型升级的今天,高级技工人员远远不能满足现代企业的需求,因此高校需要逐步培养高技能人才,开展更高层次的高职教育。

第三,职业教育人才培养与实际需求脱节,如果职业教育机构在培养人才的时候不注重时长需求和企业需求,就会造成产业发展的停滞。

(二)高职本科教育发展对人力资本存量的提升作用

高职本科发展需要不断地提升人力资本的存量,如此方可应对经济发展以及市场需求带来的挑战。

第一,减少高职院校学生的流失,增加学生的入学率,进而增加人力资本的存量。从社会大众的角度来进行分析,如果没有本科教育或者没有高层次的职业教育,只有低层次的教育,就会使职业学校出现招生难以及学生流失的情况,进而导致技工人才数量减少。如果此时大力发展高职教育,那么社会公众对于职业教育的认识误区就会逐渐减少,可以进一步增加职业院校学生的入学率,进而为社会发展培养更多的技能型人才。如瑞士的高等教育,入学率在26%左右,但是职业教育方面的入学率可以达到73%左右。

第二,逐步提升高职教育的教育层次,提升人力资本的质量。发展中职或专科层次的职业教育,学生往往只能掌握某个工艺或某一个工艺环节,人力资本的专用性非常强,这不仅导致高职学生毕业后待遇不高,而且发展后劲不足。通过提高产业专业型人才的培养水平,可以培养更多的产学研层次的职业人才,让他们

第七章　高等职业教育发展的新形态——高职本科

在掌握基础知识的同时提升自身的技术能力、增强自身的人文素质，在毕业后可以有更好的发展。

第三，不断优化人力资本的结构。对于经济发展而言，人力资本是不可缺少的，它可以推动科学技术的发展，促进经济增长。当然这也是有一定前提条件的，即人力资本结构和经济社会发展需求相吻合。

二、社会理论基础：社会资本理论

职业教育处于社会大系统之中，下面接着从社会层面探讨高职本科教育发展的社会理论基础。

（一）社会资本理论视域下高职毕业生发展困境

20世纪70年代，经济学、社会学、组织行为学等学科开始关注社会资本概念，此后经皮埃尔·布迪厄（PierreBourdieu）、詹姆斯·科尔曼（JamesS.Coleman）、林南（NanLin）、边燕杰等学者的不断推动，形成了比较成熟的社会资本理论。该理论认为，社会资本是社会关系网络及嵌入其中有价值的社会资源总和，它具有资本的增值属性，不管在社会发展等宏观层面还是在个体求职等微观层面都具有重要的作用。我国自高等教育扩招以来，随着大学毕业生人数的迅速增加与大学生就业竞争程度的不断增长，在仍不完善的劳动力市场中，社会资本对大学生就业的影响越来越大，有时甚至超过了人力资本的作用。换言之，大学生能否获得就业机会或获得什么质量的就业机会，在一定程度上取决于其拥有的社会资本数量与质量。甚至在个别案例身上，获得就业机会的关键不是"知道什么（人力资本）"，而在于"认识谁（社会资本）"。

但是，在高职本科就读的学生有很大一部分都出身于农村家庭，有些还来自于贫困家庭，他们与普通高校的大学生相比，社会资本是较低的。

一是由于所拥有的社会资本较少，很多高职专科的毕业生在就业的竞争中缺乏优势。这些先天性的社会资本主要源自于学生的家庭，包括一些较为亲密的亲属等。近年来，我国的大部分高校在不断扩招，优势阶层必然会占有更多的优质教育资源，而在高职本科院校就读的学生大多来自于弱势阶层，他们无法获得优质而充足的社会资本，并且拥有较少的社会资本还存在同质性强、异质性低、资源也很少能被用来交换。

二是高职本科院校的学生所拥有的社会资本往往难以增量，限制了毕业后的职业发展。个体本身所拥有的经济条件及其交往的对象在很大程度上决定着其社会资本的增量，在高职本科就读的学生大多来自农村地区，他们认为只要有好的学习成绩就能寻找到好的职业，而不会去努力构建自身的社会资本，而且这些学生的经济条件有限，无法进行更多社会交往活动，少量的交往对象也是与自身同质化的群体，他们的社会交往通常难以搭建起利于自身发展的、新的人际关系，面对同质化的社会交往模式也无力去改变，缺乏能力、动力与机会去增加自身的社会资本，这种状态对于职业发展难以产生有益的推动作用。

三是高职本科院校学生自身的社会资本利用率不高。这类院校的学生，特别是来自农村地区的学生，对于社会资本的认识仍然停留在传统的关系社会中，"伦理契约"的痕迹很明显，面对社会资本，他们既鄙视又崇拜，处于矛盾中，在增量与存量均不足的情况下，他们还难以充分利用自己仅有的一些社会资本，关系被闲置，社会资本无法被充分利用，这种情况对他们的就业质量会产生不利的影响。

第七章　高等职业教育发展的新形态——高职本科 <<<

（二）高职本科教育发展促进高职学生社会资本生成

如果按照生成时间来划分，社会资本可以分为两类：一类是先赋性社会资本，指的是个人源自于家庭的、与生俱来的社会资本；另一类是后致性社会资本，指的是个人通过参加社会活动，主动建立起来的各种社会关系、获得的社会资源。这两种社会资本的来源是相同的，那就是社会交往。高职学生从专科向本科升级，能够令他们所拥有的社会资本的质量与数量同时增加。一方面，专升本后，学制也从原来的三年增加为四年，这样也无形中帮助学生增加了彼此交往的时间、深度与规模，这些都有可能为后致性社会资本的形成提供条件；另一方面，专升本后，高职学生的学历从原来的大专升级为本科，他们有更多的机会与高层级的对象进行交往，尤其有一部分学生会继续读取硕士、博士学位，这样一来，其所交往对象的层次将会更高，构建起的社会网络也会呈现出更强的异质性，关系网的顶端会更高，社会规模会更大，与之相对应的各种社会资源也会相应增多，从而极大提升社会资本的质量。

三、生态理论基础：教育生态理论

随着社会的发展，创新、协调、绿色、开放与共享的发展理念越来越深入人心，社会各界都在可持续与生态平衡的视角下来看待发展。职业教育是整个教育生态系统中间的一个组成部分，下面在教育生态理论视域下探讨高职本科教育发展的生态理论基础。

(一)职业教育的教育生态劣势

自 1976 年美国哥伦比亚师范学院院长克雷明(Cremin Lawrence)在《公共教育》一书中首次提出教育生态概念后,教育界对教育生态的功能、基本规律、演变动力与分类进行了一系列的研究,并将这些核心观点进行归纳成立了"教育生态学"学科,着重关注教育与生态环境、教育内部生态平衡的相互关系及其机理。通常而言,教育生态结构分为两个层面:宏观结构,指的是与教育相关的环境系统,对其作用以及同人类、同教育的关系进行分析,探索教育发展的途径与方向,确定教育体制,制定教育政策等;微观结构,指的是在教育这个大系统中的不同层次、不同类型的教育之间存在的联系以及顺利运转的机制。

在教育生态系统中,职业教育是一个重要的教育类型,这来自于教育生态学的观念。但目前我国的职业教育一直被视为普通本科的一个隶属教育层次,高职教育只设置专科而无更高的教育层次,这就直接导致了高职专科教育在教育生态系统中处于较为尴尬的位置,其结果是:一方面,职业教育所处的生态环境较差。随着高校的普遍扩招,高等教育已经逐步成了大众化的教育,普通本科教育发展迅速,在此期间,虽然高职教育也有了明显进步,教育体系也在不断完善,但是高职院校仍会被学生和家长视为大学教育中的"最低层次"。另一方面,职业教育难以获得很好的生态占位。毕业于高职院校的学生在进入社会后,薪资待遇普遍较低,岗位稳定性较差,工作满意度普遍较低,与普通本科毕业的学生相比,在竞争上处于劣势。而且由于高职院校类学生的学历较低,在知识储备、素质培养方面积累不足,走入职场后,往往会出现后劲不足的现象,难以很好地适应社会环境,发展局限性明显。

第七章 高等职业教育发展的新形态——高职本科

（二）高职本科教育发展加强职业教育的生态优势

实际上，教育生态系统的优化需要把职业教育作为一种类型，建立现代职业教育体系，并在这个类型与体系中开设不同层级的职业教育，从而为职业教育小生态系统的稳定与可持续发展提供能量源泉。换言之，职业教育内部应该建立一条中职教育—高职专科—高职本科—专业硕士—专业博士的完整教育生态链。在这条生态链中，不仅不同层次的职业教育"共生"于职业教育体系之中，都是社会所需；而且不同层次的职业教育有基于能量流传递摄取的关系，也有知识流的富集关系。当然，职业教育与其他类型的教育也紧密相连，除了有职业教育内部纵向生态链之外，还有横向生态链与纵横交叉生态链（图7-1）[1]。

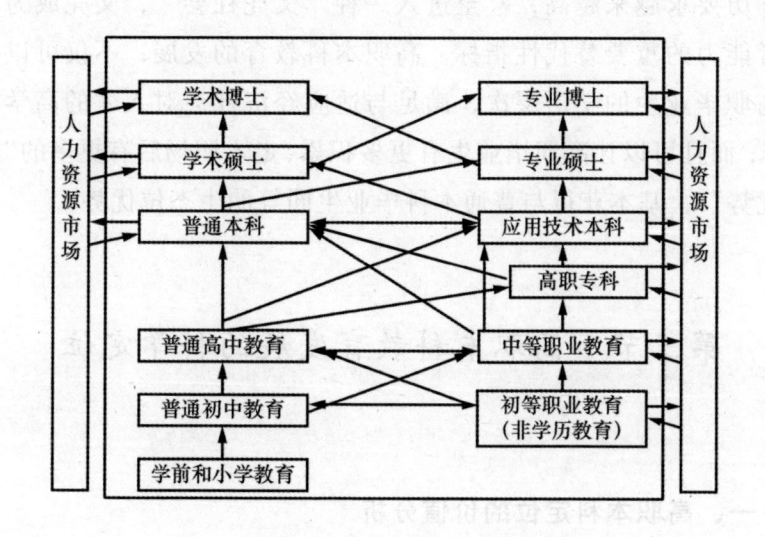

图 7-1 职业教育体系基本框架示意图

---

[1] 钟云华，陈拥贤，胡立.高职本科教育发展的理论基础探析[J].职教论坛，2016（19）：10-14.

如图 7-1 所示，从高等职业教育知识富集流来看，在横向教育生态链节中，高等职业教育与普通高等教育处于平行的关系，发展高职本科教育，可以改变高职教育与普通本科教育的从属关系，加强两者之者的交流，实现知识流在两个子系统中自由流动，优化教育系统内部子系统的联系。在纵向生态链上，高职本科教育是高职教育生态链上的重要链节，占有独特的生态位。从现代职业教育体系的能量来源的动态性来看，高职专科到高职本科是一种必然趋势，从纵向能量流看，它是高职教育发展的内在规律，是现代职业教育体系建立的重要阶段，高职本科是高职专科的同质衔接，故发展高职本科可以优化职业教育体系纵向生态链。

三是发展高职本科教育可以优化教育与生态环境之间的均衡性。随着我国经济社会的快速发展，我国人力资源市场对求职者的学历要求越来越高，甚至进入一种"文凭社会"，文凭成为求职者能力的重要替代性指标。高职本科教育的发展，不仅可以提升高职毕业生的学历层次，满足与适应经济社会对人才的高学历要求；而且可以让高职毕业生有更多积累，走入职场后有更多的"后发优势"，基本获得与普通本科毕业生同等的生态位优势。

第三节　高职本科教育发展的科学定位

一、高职本科定位的价值分析

高职本科定位的价值分析，旨在从三个维度进行顶层设计：立德价值培养学生的"德性"，即做人；立能价值解决学生"做什么、怎么做"问题，即做事；立地价值解决如何服务地方问题。

第七章　高等职业教育发展的新形态——高职本科

立德、立能、立地三者相互作用，互为支撑，缺一不可。

（一）高职本科定位之魂：立德

立德的价值主要体现在学生所获得的全面发展上，其落脚点是做人。高职本科在立德方面的价值主要体现在对人的培养上，也就是培养有德行的人才，所以，高职院校应当将促进学生的全面发展作为人才培养的出发点和落脚点。对于学生而言，大学教育的意义不在于分数，也不在于专业知识，而在于树立正确的价值观念、提升道德品质、培养职业精神、养成行为习惯，也就是所谓的"德性"。"德"的建立，能够让学生在人生路上走得更稳、更远。换言之，高职本科不仅要为学生提供专业方面的教育，帮助他们总结学习的方法，掌握各种职业技能，为今后在社会上的发展奠定坚实的基础，更为重要的是要教会学生在道德方面的担当。学校要做到"以德育人"，对学生进行人生观、价值观教育。高职本科要将"立德"作为教育的重中之重，帮助学生选好人生的大方向，在未来有更好地成长与发展。要培养学生的综合素质，发掘他们的潜能，确立以人为本的教育观念，营造学校的"德性文化"氛围，引导学生体会德性的价值，增长德性的境界，激发更多的正能量。

（二）高职本科定位之基：立能

立能的价值主要体现在培养目标的有效实现上，其落脚点是做事。高职本科的人才培养方向是技术型，所以在人才培养的全过程中都应体现出"技术"这一核心要素，所培养出的学生应当成为技术理念先进、技术心态稳定、技术能力娴熟、技术品质优良的合格人才。与普通本科相比，高职本科有着不同的价值取向，此类学校更重视技术价值观的体现,解决的是"做什么事","怎样做事"的问题,最终的目标是提升学生改造世界的实际动手能力;而普通本科更重视学术价值观的体现,解决的是"这是什么"以及"为什么如此"的问题,最终的目标是提升学生对于世界的认知能力。因此,作为高职本科应当在教学中确立"大技术"的观念,课程设置也要将技术知识的传授作为重点。"教"要以"学"为本,围绕着"学"来展开,以学为核心来确立教学的基本框架。技术知识是人类实践活动的体现与反映,其中既有技术方面的实践活动,也包括理论知识方面的实践。作为高职本科而言,应当结合技术知识的特点,不断创新教学观念与方法,对课程做出合理安排,引导和帮助学生认识现代技术,了解现代技术的发展趋势,掌握现代技术的发展规律,提高认识问题、分析问题、解决问题的能力,为今后的职业发展打下扎实的技术基础。

(三)高职本科定位之根:立地

立地的价值主要体现在教学方法的创新上,其落脚点是服务于地方。就教育层次的划分而言,高职本科与普通本科是相同的,但是两者在专业课程设置、人才培养目标、教学方式方法、办学类型等方面有着很大的区别,因此,高职本科的教学创新要围绕着校企的合作来进行,人才培养的目标也是技术立身,而非学术见长。在科学研究上,追求的也不是理论和学术上的高层次,而是"立地"问题,旨在为地方发展培养人才,将技术研发作为办学的重点。正因如此,高职本科的教学方法要与普通本科区别开来,要结合自身的办学特点来形成有针对性的办学规律,将院校的发展与企业的发展相结合,为地方产业的发展输送合格的人才。在办学过程中要防止出现学校教育与企业需要相脱离的问题,寻

第七章 高等职业教育发展的新形态——高职本科

找有效的合作办法，调动企业培养人才的积极性，在学校与企业间建立起利益共同体，从而获得更好的服务办学效益。

二、我国高职本科定位的战略要素

在我国的教育领域中，近几年出现了一个"新生事物"，即高职本科，它既属于高等教育，也属于职业教育。所有新生事物一经出现，先要明确其定位，在此基础上，才能在正确、健康的轨道上不断发展。所以，我国高职本科首先要明确自身的发展定位。

（一）培养目标的定位：技术型人才（技术师）

高职本科院校要明确自身要培养什么样的人才，也就是人才培养的目标，这是学校的工作指向，是要达到的预期目标，也是所有工作的核心，学校的办学方向也需要据此来设定。只有精准定位发展目标，才能保证高职本科能够按照既定的目标建成并发展，才能逐渐彰显出自己的办学特色。

从用人单位的角度出发，企业最需要的是实用型、复合型人才，这种人才应当是吃苦耐劳、动手能力强、有研发能力、具备管理经验、有可持续发展的可能性。这是企业对于高职本科所培养出来的人才的一个定位，也是人才需求的规格和框架。这几个标准是高职本科院校培养人才的核心，高职本科应当以此为依据来确定人才培养的目标。

按照用人单位对于高职本科人才的需求标准，高职本科人才培养的目标与定位应当是，在高中教育的基础上，具有高等教育基本属性的职业教育。应当面向基层单位，旨在为地方服务，教育和培养动手能力强、有研发能力、具备管理经验、有持续发展潜力的技术型人才。

从高职本科的人才培养目标和内涵来看,其教育类型是职业教育,但具备高等教育的属性,这是高职本科最基本的特征;其生源为高中毕业生,其中既包括普通高中生,也包括职业高中生,不论是哪种高中生源,学生都必须具备高中层次的文化和技能基础;关于人才规格,其标准是有动手能力、有研发水平,有管理经验、有发展潜力的技术型人才,其人才培养目标与普通本科和高职院校都不同;在服务对象上,面对的是基层单位和地方单位,是为生产一线培养人才,要培养学生安心服务基层单位的态度,还要培养他们从事管理工作的水平以及解决实际问题的能力。

从高职本科人才培养的内在关系和目标定位来看,普通本科、高职本科、高职专科在培养人才方面存在着一定的逻辑关系,高职本科与高职院校相比,它们属于同一类型,但分属不同的层次;与普通本科相比,它们属于同一层次,但分属不同类型。

(二)专业的定位:服务地方需求

高职本科有着自己的人才培养定位,因此,在专业设置上也必须有其特殊的定位。高职本科在为地方经济社会发展提供服务、输送人才的过程中,专业起到的是重要的载体作用,专业设置是高职本科的有效抓手,决定着其是否能达到预期的人才培养目标、是否能有效地解决学生的就业问题。专业的边界特征主要有以下两点:学术边界。通常研究型高校都是以学科的维度来设置专业的,学科发展是专业的服务对象,学科在先,专业在后。技术边界,即将职业维度作为专业设置的出发点,要考虑将理论知识与技术转化成实际的生产体系,不仅要具备理论基础,还要拥有应用能力。高职本科要突出技术性边界的基本特征,在专业设置上,应当注意以下两点。

第七章　高等职业教育发展的新形态——高职本科

第一，明确专业边界定位。要突出专业性和技术性，适当淡化学科性。高职本科在设置专业时要考虑行业的需求以及职业的定位，不能以学科发展的需要来设置专业。即以职业需求作为驱动，注重实践性，不仅要与高新技术快速发展的形势相适应，还要考虑到岗位与职业宽口径的需要，以职业需求为标准，但又要高于职业需求，要将职业与技术很好地结合在一起，体现出各种专业所具有的技术含量。

第二，明确专业服务定位。专业设置要与地方性需求相适应、与产业发展相适应，为地方社会经济发展提供服务。高职本科在设置专业时，必须要将实践性落实到位，以为地方经济发展服务、为学生就业发展服务。因此在设置专业时，高职本科一定要抓住地方产业发展的特点和重点，借助地方文化局传统方面的优势，让专业设置与地方产业的发展需求相契合、与地方文化品牌的发展相对接、与地方特色产业的发展相联系，为地方群众发家致富提供服务，充分体现出高职本科为地方发展提供服务的价值与意义。

（三）课程定位：工作过程知识主导

课程是人才培养的核心要素，决定着高职本科的人才培养目标能否顺利实现，也决定着为地方经济发展所提供的服务质量高低。不论是在课程内容上、教学方式上，还是教学观念上、组织模式上，高职本科与普通本科都有着本质区别。因此，高职本科课程的定位要与人才培养的目标相符，即要按照跨界性和职业性的原则，突出课程内容，要以工作过程中所需要的知识学习作为主导，要淡化学科研究这个导向，要与专业岗位的需要相结合，突出技术性，要有利于学生今后的就业与转岗需要，达到高职本科培养人才的既定目标。

在为高职本科设置课程体系时,要有跨界的高度与视野,课程内容要与学生今后工作所需要的知识相一致。换言之,要将高职本科的教育回归到技术这个本源,将学习与工作融会贯通。课程教学要加强复合度,将操作、学习、教学、研究融合在一起,"操作"体现的是技术性,"学习"彰显的是学习的主体性,"教学"体现了教师的主导性,"研究"体现了属性的高等性。课程设置要体现出高职本科教育的发展逻辑。课程设置过程中要体现出企业的主体性,进一步强化企业在人才培养过程中的责任,课程定位要突出学校与企业合作办学的宗旨,将学校的课程教学同企业的实际生产有机结合起来。

(四)科学研究的定位:技术研发"立根"

高职本科所从事的科学研究应当将重点放在为地方发展提供服务上,要将技术的传授放在与科研相同的位置上,不仅要开展教学方面的研究,更要注重技术方面的研发,努力将技术成果加以转化,突出办学特色,创立有价值的品牌。

高职本科的教学研究重点为:科学研究应当将培养技术型人才作为重点,注重教学和技术性方面的研究,而应减少理论方面的研究。高职本科的教学目标是提高办学质量,所以教学研究的重点应当是如何更好地培养技术型人才,提高培养质量,要对存量资源进行深入挖掘,在人力上、财力上加大对教学研究的投入,突破教学与研究之间的壁垒,将教学研究成果更快、更好地运用于教学实践,在人才培养过程中充分发挥教学研究的引领作用,促进技术研发、教学研究以及实际教学的协调发展。

高职本科的技术研发重点为:要处理好引领与服务之间的关

系,这是其核心价值的体现。"服务"指的是为企业与行业的发展输入合格的、优秀的技术型人才,为企业解决技术方面的各种难题;"引领"指的是用先进的技术成果,包括技术专利,引领企业甚至整个行业进行技术方面的改革,升级产品,创新管理模式。所以,高职本科要结合自身实际,充分挖掘潜力,建立起学校、地方政府以及企业共同合作的技术研发基地。以实际的产品品质来体现论文的价值,以技术的创新来体现研究的成果,将技术开发的成果体现在企业的发展过程中,将技术研发的价值体现在企业效益的增长上。将高职本科办成地方经济产业发展的创新基地,让企业成为高职本科技术研发的实验场。

(五)教师能力的定位:三能型教师

高职本科办学能否取得成功,关键在于是否有合理的教师结构与之相配套。如果没有一支高素质的、与高职本科办学定位相符的教师队伍,那么为地方及企业培养优秀人才只能是一句空话,办出具有鲜明特色的高职本科高校也无从谈起。对教师能力的评判标准有两个:第一,是否能够"守正"。即要坚持职业教育的特征与本质,守住本科层次的教学基础,要按照高等职业教育所需教师的资格和能力标准来培养教师队伍,将建设与高职本科教学能力相符的教师队伍作为办学的原点。第二,是否能够"出新"。即要对高职本科教师的能力进行探寻和塑造,不能像普通本科院校一样,对教师的学历有过高的要求,不能唯学历,而要凭能力。要在高职本科院校中推出"三能型教师结构模型","三能型"主要指:一是知识方面的教学能力。对于高校教师而言,这种能力是必备的。高职本科教师也一样,既要具备扎实的理论知识、丰富的教学经验,还要掌握传授知识、传授技术、教书育人的方法,用深入浅出的语言将深奥的技术传授给学生,让学生愿意学、学得好。二是实践方面的能力。这种能力对于高职本科院校的教师而言非常重要。只有教师首先掌握了过硬的技术,具备了传授技术的能力和方法,才能在实践教学的过程中得心应手。三是技术研发方面的能力。这种能力对于高职本科院校的教师而言不可或缺,这也是他们与普通高校教师的一个根本区别。高职本科院校的教师要对企业的整个生产过程有详细的了解,对生产工艺、加工流程有深入的研究,能够随时随地解决生产中出现的各种难题;还要积极掌握本领域的发展动态,具备技术研究、技术创新的能力。

我们可以将这些三能型的教师概括为:在课堂上他们是专业教师,敬业又称职,学生能够从他们身上学到真本事;在车间里,他们是技术高超的师傅,能够培养学生解决实际问题的能力;在企业里,他们是合格的技术师,不仅能从事技术研发,还能承担技术维修的重任,为企业解决随时可能出现的技术难题。

第四节 高职本科教育发展的路径探索

本质上而言,高职本科发展路径的选择就是对发展道路所进行的一个选择。在选择路径战略时,我们不仅要对各个地区的实践探索经验进行理性的总结归纳,同时也需要取其精华、去其糟粕,不能盲目地对各地的具体措施进行照搬或者效仿,我们需要对实践探索的本真进行客观把握,以"类"为标准对各个省份的实践探索成果进行归类整理和分析,在选择高职本科的发展路径时以此作为重要的参考内容。

第七章 高等职业教育发展的新形态——高职本科

一、高职本科发展路径的确定原则

原则是我国高职本科发展路径选择的基本遵循。高职本科发展路径应当遵循的原则和路径原则确定依据是：一是根据"类型"的本质要求；二是根据高职本科的本质和功能；三是根据高等教育资源的有效开发与利用。如果路径原则满足路径选择的要求，就应该老老实实地按照原则实现路径选择。

（一）满足类型发展原则

在选择高职本科的发展路径时，对类型发展这一原则进行坚持是核心，在发展道路的选择上，我们要始终坚持高等职业教育类型之路。我国著名的高等教育家潘懋元教授，将我国的高校大致上分成三种类型：学术型大学、应用型本科高校、职业技术型高校。其中应用型本科高校中包含的院校种类很多，如一部分211工程大学、一般的部委属大学、民办本科、地方高校、独立学院等。而高职本科则是职业技术型高校中的一种。我们是根据人才培养的目标来划分教育的类型。高职本科在人才培养的目标上则主要瞄准的是技术师，即技术型人才，其最大的特点就是所培养的人才具有极强的技术性，将个性发展（教育性）和社会需求（职业性）融为一体。

要想使高职本科的培养目标得以实现，最根本的一个途径就是广泛开展校企合作。对培养目标能否进行价值衡量的一个重要依据就是高职本科在课程方面所具备的内涵，这里的内涵并非是对学科知识进行系统化发展的课程结构，而是我们在对工作过程进行系统化规划过程中的课程体系，注重对知识和技术的应用。

如果高职本科的培养目标与普通本科高校的培养目标没有区别，那就失去了类型原则的价值取向，意味着普通本科可以替代高职本科。换言之，我们就不需要高职本科了，而完全可以用普通本科将其代替。或者可以这样认为，如果可以用普通本科来代替高职本科，那么就完全没必要对高职本科进行建设和发展了。所以，在选择高职本科的发展路径时，我们对于自身的类型定位要进行理性、准确的把握，对于类型发展这一原则要坚定不移地进行坚持，让高职教育成为任何一种其他教育类型都无可代替的存在。只有做到这一点，才能使我们开办的高职本科更具特色，最终形成具有自身独特属性的文化基因，在发展之路上走出一条和普通本科高校完全不同的可持续发展道路。

（二）满足校企合作育人原则

校企合作育人是高职本科发展路径选择的逻辑起点，也是高职本科发展的本色之所在。校企合作育人的基础是合作伙伴之间的资源依赖，它包括人力资源、物力资源、财力资源、信息资源等。在资源依赖、责任共担、利益共享的基础之上，培育"你离不开我，我离不开你"的校企合作发展共同体。校企合作发展共同体的根本宗旨是合作育人，培养符合高职本科教育规律的、符合企业发展需要的技术型人才。校企合作育人离不开跨界文化的引领，因此，构建具有跨界文化元素的育人体系，就显得格外重要。以跨界文化元素为核心合作开发人才培养方案，合作开发课程，把职业素养、职业态度、企业文化融入教学内容之中，共同为高职本科人才培养用心发力；合作建立具有跨界文化基因的教学团队和技术研发团队，聚集不同学科的教授和研发力量，形成集体攻关的战略优势，出精品"立地"成果，促教学质量提升，育企业需要之才，解企业发展之困。

（三）满足存量资源与增量资源最大化原则

存量资源（指地方本科高校）与增量资源最大化发展，实质上是两种资源的优化配置，是高职本科发展路径选择的效益最大化。效益概念是高职本科发展价值的进一步体现，是高职本科发展所追求的主要目标。高职本科发展路径选择的效益最大化有两层含义：一方面是存量资源的转型增效，转型投入效益（人力、财力、物力）要最大化，转型产出效益（主要指学生）要最优化，要体现高职本科人才类型的特质；另一方面是增量资源的有效开发提质，生产的"产品"符合高职本科的类型要求，要有质量，且"适销对路"。西方经济学理论认为，效益最大化体现在生产者以最少的投入获得最大产出，消费者以最小花费获得最大满足。用西方经济学理论分析高职本科发展路径，我们可以从两个维度深化：政府决策维度，要充分考虑学校存量资源与增量资源的有效利用，以最小的投入获得最大的产出——培养更多合格的技术型人才；学校办学维度，要充分考虑学生发展与学校资源的有效利用，以适当的投资（学费），让学生学到做人和做事的本领，满足学生能就业、就好业的需要。这就是高职本科发展路径选择的最大化原则。

二、高职本科发展路径的选择建议

（一）部分地方本科高校的转型发展

教育部、国家发改委、财政部《关于引导部分地方普通本科高校向应用型转变的指导意见》明确指出："推动转型发展高校把办学思路真正转到服务地方经济社会发展上来，转到产教融合校企合作上来，转到培养应用型技术技能人才上来，转到增强学生就业创业能力上来。"其中,"转到培养应用型技术技能人才上来"这句话,与其说是办学思路,倒不如说是指出了地方本科高校转型中对人才培养目标的战略定位。

办学观应从学术型本科高校转型为应用技术型本科高校。办学观念决定办学行动。要让地方本科高校转到应用技术型本科高校这条路上,首要的问题是破除转型"啃老本"主张,读懂"高职本科的本质",认可"高等职业教育类型"。就转型的基本问题而言,一要弄清楚应用技术型本科高校的本质;二要弄清楚应用技术型本科高校应该培养什么样的人;三要弄清楚应用技术型本科高校应该承担的办学职能。如果这三个办学的基本问题都没有想清楚、没有理明白,转型就缺乏价值引领,就可能纸上谈兵。

人才培养目标应从学术型人才转型为技术型人才(技术师)。地方本科高校转型须放弃"学术"思维,坚守高职本科"技术"本根,体现实践逻辑之道。其核心要素主要包括:会动脑动手、会技术研发、会一线管理、会多岗发展。这是技术型人才的特质,也是与学术型人才的本质区别。要实现人才培养目标的转型,教学过程必须转向学中做、做中学,学、教、做、研合一,强调"学"为主体,把企业主动参与、校企合作育人作为根本出发点,实现教学过程与企业生产过程的实质性融合。

(二)少数国家示范高职院校"升格"发展为高职本科

部分国家示范(骨干)高职院校"升格"发展是高职本科路径选择的基本方向。从国家政策层面看,高职院校"升格"发展,目前还需严格控制,"升格"的门虽然开了,但开得很小,仅有天津中德职业技术学院"升格"为天津中德应用技术大学(本科),开了高职院校"升格"先河;从"升格"条件要素看,现有国家

第七章 高等职业教育发展的新形态——高职本科

示范（骨干）高职院校总体开展高等职业教育年限较长，办学定位较为准确、校企合作紧密、敢闯敢创意识明显，提升高职本科的态度积极。在招生分数、学生发展和社会服务等方面的实力和社会影响力绝不亚于一般的二本院校。因此，精选优质高职院校"升格"为高职本科，既有其内在需求，也有一定的办学实力，更有多年的职教办学积淀，取得了令人瞩目的办学成绩，且办高等职业教育的决心坚定。

（1）优化国家示范（骨干）高职院校升格发展的条件要素。高职院校升格，是有条件要求的，绝对不是所有高职院校集体升格，未来经济社会发展所需要的人才层次主体仍然是高技能人才（专科层次的人才）。条件要求，必须是在国家示范（骨干）高职院校中，选择办学基础比较扎实，教学质量持续提升，实践教学资源丰厚，学生就业前景良好的学校"升格"。升格学校的比例应控制在20%~25%，即，在国家示范（骨干）高职院校中，有40~50所高职院校可以升格为高职本科，办本科层次职业教育。

（2）国家教育主管部门要制定高职院校升格的国家标准。教育主管部门要根据经济社会发展趋势、产业转型升级、新兴产业发展对技术型人才的急需，顶层设计升格的国家标准。与普通本科学校设置暂行规定不同是，严格规定升格发展的路向要求，即高等职业教育，严格掌控好发展的数量比例，防止发展过程中一哄而上、盲目升格现象，确保高职院校升格的质量。

高度重视教师队伍建设。大学的荣誉，不在它的校舍和人数，而在于它一代又一代人的质量。提升高职院校一代又一代人的质量，最核心的要素是提高教师的质量。从政府层面，要整合优质资源，做好顶层规划，系统设计高职本科教师的素质与能力标准，安排好教师质量提升的"政策路径图"。从学校和企业角度看，要坚持合作培养、问题思维，在教师教学团队及其带头人、技术研发团队及其带头人培养上实现重点突破，着力培养一批能从事专业教学、能从事实践教学、能从事技术研发的"三能型"教师队伍。教学没有科研做底蕴，就是一种没有观点的教育，没有灵魂的教育，不教课，就不是教师；不搞科研，就不是好教师。可见，教师教学与科研水平的高低、能力结构的优劣直接决定高职本科发展质量的好坏。

（三）极少数高职院校的品牌专业升本

高职院校品牌专业升本（3+2）全国各省（市、自治区）都在进行试点。试图通过试点，逐步积累升本经验，探索升本规律，完善升本制度。但从试点的专业看，专业升本的目的并没有完全达到，专业层次虽然升本了，但专业发展类型却变了，跑到了普通高校学科型专业的路上，因此，品牌专业升本（3+2）必须坚守类型，理性回归，严防变质。

（1）选择好专业升本的地方本科高校。高职院校品牌专业升本，关键在选对地方本科高校。地方本科高校必须是已被纳入转型试点的高校，且是认同高等职业教育类型的高校。专业升本本质上是一种类型升本，不是层次升本。因此，专业升本既不要跟风，也不能迁就，更不能好高骛远，而是要理性回归，立足两个学校的共同志向、专业优势、课程资源，找准两个学校专业培养目标的吻合度，专业口径的宽窄度，实现专业精准升本。这样既不浪费教学资源，也能延续学生的学分积累，又能确保高职本科人才的培养质量。

（2）按照地方发展需求掌控专业升本规模。根据区域经济社会发展对高职本科人才的需求，瞄准"中国制造2025""互联网+""大众创业、万众创新"等国家战略重点和战略性新兴产业发

第七章 高等职业教育发展的新形态——高职本科

展急需，选择办学基础比较扎实的国家示范（骨干）高职院校的品牌专业（群）进行专业升本试点，在高职院校办四年一贯制专业。专业升本不是高职本科发展的主体，因此，需要掌控好专业升本的规模，更需要掌控好专业升本的质量，着力培养合格的高职本科人才（技术型人才）。

（3）人才培养方案要契合高职本科的培养目标。培养目标主导人才培养方案，人才培养方案决定人才培养质量。专业升本的四年制本科人才培养方案必须以高职院校为主导制订；学生的四年学业必须在高职院校完成；四年制的实践教学安排必须满足人才培养目标的要求，并按照工学交替的实践教学模式进行。否则，培养的人才只能说是学科型本科生，而不是用人单位所需要的技术型本科生。

高职本科从概念的提出到政策的出台，经历了长达十余年的艰辛探索，今天已站到了发展的风口，迎来了前所未有的发展机遇。面对机遇，需要我们用创新的理念，智慧的眼光，实打实的行动，克服前行中可能遇到的各种困难，科学把握高职本科的内涵，精准高职本科发展定位，创新高职本科发展路径，踏踏实实地办好具有中国特色、技术特征、地方特点的高职本科高校。

结束语

　　高等职业教育是高等教育的重要组成部分，属于高等技术教育，任务是培养生产一线需要的管理者、组织者及技术应用型人才。高等教育一方面受社会发展制约，另一方面必须适应社会发展的需要。这是教育在社会发展过程中必须遵循的重要规律之一。本书以高等职业教育的发展背景为切入，针对高等职业教育的理论基础、高等职业教育整合理论构建以及高等职业教育管理理论与模式创新展开详细论述，进而深入剖析高等职业教育的信息化发展、可持续发展、国际化发展，最后探索高等职业教育发展的新形态——高职本科。

　　站在新时代，把握新特征，担当新使命。我们要弘扬敢为人先的精神，拿出爬坡过坎的智慧，书写好高等职业教育发展的新篇章，以期对我国高等职业教育改革与实践具有一定的指导意义。

参考文献

[1] 董刚.高等职业教育内涵式发展研究[M].北京：高等教育出版社，2014.

[2] 冯琦琳.高等职业教育可持续发展研究[M].上海：复旦大学出版社，2014.

[3] 郭俊朝.改革开放40年中国高等职业教育发展的主要成就[J].闽西职业技术学院学报，2019，21（02）：57-60.

[4] 黄鹤良.现代高等职业教育如何实现可持续发展[J].中国成人教育，2019（24）：9-11.

[5] 蒋兆峰.高等教育发展趋势下的高等职业教育对策选择分析[J].当代教育实践与教学研究，2020（03）：45-46，58.

[6] 蒋兆峰.新时期高等职业教育创新改革路径研究[J].教育教学论坛，2020（29）：334-336.

[7] 金明根.高等职业教育管理模式的研究与探讨[J].教育现代化，2016，3（05）：129-130.

[8] 李德方，王明伦.高等职业教育发展新论[M].北京：知识产权出版社，2017.

[9] 李桂华，赵鹏程.高等职业教育管理体制创新研究[J].湖北广播电视大学学报，2007（11）：8-9.

[10] 李建.高校思想政治教育亲和力研究[D].西南交通大学，2018.

[11] 李志刚.中国高等职业教育发展与经济发展的互动性研究[J].

职业技术教育, 2013, 34（01）: 49-54.

[12] 刘春怡, 杨国良, 牟信妮. 生态视域下职业教育信息化教学可持续发展研究 [J]. 高等职业教育（天津职业大学学报）, 2020, 29（04）: 21-26, 31.

[13] 刘刚, 宋田田. "互联网+" 时代高等职业教育发展趋势刍议 [J]. 太原城市职业技术学院学报, 2019（05）: 1-3.

[14] 刘红英, 李红梅. 我国高等职业教育管理工作模式的创新 [J]. 教育与职业, 2015（13）: 35-37.

[15] 刘金桂. 高等职业教育发展研究 [M]. 厦门: 厦门大学出版社, 2004.

[16] 刘士芳. "互联网+" 时代下的高等职业教育发展策略分析 [J]. 重庆电力高等专科学校学报, 2016, 21（01）: 4-5, 30.

[17] 乔云霞, 李峻. 我国高等职业教育发展七十年的回顾与政策建议 [J]. 职教发展研究, 2019（03）: 8-15.

[18] 任君庆. 高等职业教育的发展趋势 [M]. 北京: 科学技术文献出版社, 2005.

[19] 隋志成. 完善我国高等职业教育管理体制的对策分析 [J]. 沈阳教育学院学报, 2004（04）: 46-49.

[20] 孙俭. 高等职业教育管理模式的创新 [J]. 中国成人教育, 2013（20）: 54-56.

[21] 汪亚明, 王珏. 我国高职本科教育的现状、困境和对策研究 [J]. 中国高教研究, 2014（03）: 91-94.

[22] 王前新. 高等职业教育管理学 [M]. 北京: 红旗出版社, 2003.

[23] 王颖. 大数据背景下高等职业教育如何提升发展的有效性 [J]. 中国成人教育, 2020（01）: 19-22.

[24] 夏建国, 张越, 史铭之. 技术本科教育: 高等教育与职业技术教育的 "跨界" 生成 [J]. 高等工程教育研究, 2013（05）:

108-112.

[25] 夏建国.技术本科教育：高等教育与职业技术教育的"跨界"生成[J].职业技术教育，2012，33（31）：9-13.

[26] 肖力，李迎春.慕课在高等职业教育发展中的困境和对策[J].河北职业教育，2020，4（02）：43-46.

[27] 徐国庆，陆素菊，匡瑛，等.职业本科教育的内涵、国际状况与发展策略[J].机械职业教育，2020（03）：1-6+24.

[28] 徐文彬.关于我国高等职业教育发展若干问题的思考[J].教育与职业，2008（33）：5-8.

[29] 徐兴旺，黄文胜.论当代中国高等职业教育发展的新趋势[J].中国职业技术教育，2015（32）：55-58，79.

[30] 徐晔.新形势下高等职业教育生态位失衡及优化路径[J].职业技术教育，2020，41（25）：52-57.

[31] 许海港.高等职业教育管理模式的创新研究[J].淮南职业技术学院学报，2020，20（02）：75-76.

[32] 叶文振.我国高等职业教育发展的回顾与展望[J].福建江夏学院学报，2011，1（02）：123-132.

[33] 张耀嵩.高等职业教育办学体制机制研究[M].上海：复旦大学出版社，2017.

[34] 周建松，陈正江.高等职业教育示范建设理论与实践[M].杭州：浙江大学出版社，2011.

[35] 周建松.高等职业教育可持续发展研究[M].杭州：浙江大学出版社，2013.

[36] 朱雪梅.高等职业教育发展模式研究综述[J].现代教育管理，2015（02）：114-118.